幼儿园足球活动指导用书

蔡晓冰　史力玲　编著

本书编委会

主　　任：蔡晓冰　史力玲
副 主 任：吴玉琼　莫增煜　张秀英
参编人员：邓　伟　杨　俊　丁晓明　石鲤维
　　　　　鄢　然　刘贻辉　凌　慧　黄晓莉
　　　　　轶　彦　张丹虹　孔敏仪

·广州·

图书在版编目（CIP）数据

幼儿园足球活动指导用书/蔡晓冰,史力玲编著. —广州：广东高等教育出版社，2021.9

ISBN 978-7-5361-7033-9

Ⅰ. ①幼… Ⅱ. ①蔡…②史… Ⅲ. ①足球运动-学前教育-教学参考资料 Ⅳ. ①G613.7

中国版本图书馆CIP数据核字（2021）第103214号

YOU'ERYUAN ZUQIU HUODONG ZHIDAO YONGSHU

出版发行	广东高等教育出版社
	地址：广州市天河区林和西横路
	邮政编码：510500　电话：（020）87554152　38493773
	http://www.gdgjs.com.cn
印　刷	广州市怡升印刷有限公司
开　本	787毫米×1 092毫米　1/16
印　张	4.5
字　数	104千
版　次	2021年9月第1版
印　次	2021年9月第1次印刷
定　价	18.00元

目 录

第一章　幼儿足球概述 ·· 1
　　第一节　幼儿足球与幼儿动作发展 ·· 1
　　第二节　幼儿足球的特点 ··· 6
　　第三节　安全有效开展幼儿足球游戏活动 ·· 8
　　第四节　幼儿足球的基本特征 ·· 10

第二章　足球游戏案例 ·· 12
　　第一节　发展幼儿平衡能力的游戏案例 ·· 12
　　第二节　发展灵敏与协调类足球游戏案例 ·· 18
　　第三节　发展力量与持久力类足球游戏案例 ··· 25
　　第四节　幼儿足球基本动作案例 ·· 33

第三章　幼儿足球活动开展 ·· 46
　　第一节　幼儿个体足球活动的组织 ·· 46
　　第二节　幼儿集体足球活动的组织 ·· 46
　　第三节　亲子足球活动的组织 ··· 47
　　第四节　大型足球活动的组织 ··· 48
　　第五节　足球活动的场地选择 ··· 49

第四章　幼儿足球校园文化建设 ·· 51
　　第一节　足球硬文化建设 ··· 51
　　第二节　足球软文化建设 ··· 53

附　录 ·· 57
　　亲子运动会：中大班足球比赛规程 ·· 57
　　幼儿欢乐足球日活动方案 ··· 59
　　小小世界杯——萌宝宝足球嘉年华活动方案 ··· 62

第一章　幼儿足球概述

第一节　幼儿足球与幼儿动作发展

一、幼儿身心发展特点

幼儿大脑的发育较快，成人脑重约为1 400克，幼儿到6岁时脑重约为1 250克，已接近成人脑重。幼儿脑的功能也不断趋向成熟，大脑皮层的分层、细胞的风化、神经纤维外层髓鞘的形成，以及大脑皮层对外界刺激反应的调节都日趋完善，但神经系统的兴奋与抑制往往不平衡，单调的或过多过久的活动容易引起疲劳；幼儿各种心理发展过程带有具体形象和不随意的特点，抽象的和随意的思维只是刚刚开始发展，感知觉逐渐完善，对生动、形象的事物和现象容易认知，对较复杂的空间、时间认知较差。幼儿的注意力很不稳定，对感兴趣的事物表现为注意力较易集中，但持续时间不长，观察的随意性水平较低，易受外界刺激的影响而转移观察的目标。但在教师的正确引导下，幼儿观察事物目的性、持续性、概括性都有一定的增长，会逐渐具备有组织和控制注意的能力。幼儿的记忆带有不随意的和直观形象的特点，想象仍以再造想象为主，而创造性想象正在发展，语言能力发展迅速，情感容易激动、变化、外露而不稳定，个性倾向开始萌芽。

幼儿身体发育速度快，新陈代谢旺盛，但机能发育还不成熟，适应能力和抵抗能力相对比较弱。肌肉的发育不平衡，大肌肉群发育早，小肌肉群发育还不完善，而且肌力差，特别容易受损伤。已熟练跑、跳等动作，但精细动作能力不够。

二、3～6岁幼儿动作发展特点

动作发展是幼儿发展的基础，是其生活、学习活动得以顺利进行的直接前提，3～6岁是基础动作发展的关键时期。教育部于2012年颁布的《3—6岁儿童学习与发展指南》（以下简称《指南》）中的健康部分专门对幼儿动作发展提出了三个学习目标。并在学习目标中分别给出了相应的学习内容，具体内容如下：

1. 目标1：具有健康的体态

表1-1 健康体态

3~4岁	4~5岁	5~6岁
（1）身高和体重适宜。男孩身高参考标准：94.9~111.7厘米，体重：12.7~21.2公斤；女孩身高参考标准：94.1~111.3厘米，体重：12.3~21.5公斤。 （2）在提醒下能自然坐直、站直	（1）身高和体重适宜。男孩身高参考标准：100.7~119.2厘米，体重：14.1~24.2公斤；女孩身高参考标准：99.9~118.9厘米，体重：13.7~24.9公斤。 （2）在提醒下能保持正确的站、坐和行走姿势	（1）身高和体重适宜。男孩身高参考标准：106.1~125.8厘米，体重：15.9~27.1公斤；女孩身高参考标准：104.9~125.4厘米，体重：15.3~27.8公斤。 （2）经常保持正确的站、坐和行走姿势

2. 目标2：情绪稳定，保持心情愉快

表1-2 情绪管理

3~4岁	4~5岁	5~6岁
（1）情绪比较稳定，很少因一点小事哭闹不止。 （2）有比较强烈情绪反应时，能在成人的安抚下逐渐平静下来	（1）经常保持愉快的情绪，不愉快时能较快缓解情绪。 （2）有比较强烈情绪反应时，能在成人提醒下逐渐平静下来。 （3）愿意把自己的情绪告诉亲近的人，一起分享快乐或获得安慰	（1）经常保持愉快的情绪。知道引起自己某种情绪的原因，并尝试缓解。 （2）表达情绪的方式比较适度，不乱发脾气。 （3）能随着活动的需要转换情绪和注意力

3. 目标3：具有一定的适应能力

表1-3 适应能力

3~4岁	4~5岁	5~6岁
（1）能在较热或较寒冷的户外环境中活动。 （2）面对新环境时情绪能较快稳定，睡眠、饮食基本正常。 （3）在教师帮助下能较快适应集体生活	（1）能在较热或较寒冷的户外环境中持续活动半小时左右。 （2）换新环境时较少出现身体不适。 （3）能较快适应人际环境中发生的变化。如能较快适应新老师	（1）能在较热或较寒冷的户外环境中连续活动半小时以上。 （2）天气变化时较少感冒，能适应车、船等交通工具造成的轻微颠簸。 （3）能较快融入新的人际关系环境。如能较快适应新的幼儿园或班级

然而在《指南》中只提出动作目标学习要求，并没有详细提出3~6岁各年龄段幼儿的体育活动内容的具体指引，特别是针对不同年龄组的特点，发展幼儿身体的最佳动作方面有待进一步细化。国家社会科学基金"十二五"规划2012年度教育学一般课题的研究成果《幼儿园体育活动大纲》是根据教育部《指南》中对幼儿提出的目标要求，以幼儿基本动作技能为依据，建立不同年龄阶段的、循序渐进的、由易到难的位移技能（如跑步）、非位移技能（如扭转）及操作技能（如投掷）的可操控的体育活动体系。体育活动体系包括三个方面的内容：（1）3~6岁幼儿平衡、协调与灵敏、力量和持久力的基本动作技能内容体系；（2）3~6岁不同水平的球类基本动作技能活动体系；（3）幼儿园户外体育活动内容体系。在《幼儿园体育活动大纲》中针对3~6岁阶段幼儿进行足球活动提出了两个方面的建议：（1）结合足球发展幼儿基本动作内容（脚搓/拨球、停球、踢球、运球）；（2）与足球相结合发展幼儿运动能力类的动作内容（平衡类、灵敏与协调类、力量与持久力类）。

三、足球影响幼儿动作发展

足球是集身体素质、心理素质、智力素质全面发展的运动，幼儿阶段参加足球活动，可以提高幼儿参与运动的兴趣，培养幼儿运动习惯，加强运动认知。然而，根据泽费尔德（Seefeld）提出："儿童应该在早期到中期这一阶段获取广泛的技能基础之后才有可能发展到位于'金字塔'的更高层级的动作技能。"[1] 可见幼儿动作发展对幼儿一生运动生涯的影响，足球对幼儿平衡、灵敏与协调、力量与持久力这三个方面有着不可忽视的影响。

1. 足球活动发展幼儿平衡能力

平衡能力是指人体在运动或失去平衡时能够在大脑调控下通过视觉、本体感觉调节肌肉收缩而恢复平衡和保持平衡的能力。平衡能力可以确保人体姿势、体位改变时身体重心的稳定性，可以反映身体前庭器官、肌肉、肌腱、关节内的本体感受器功能以及经过视觉、体觉对外界刺激的协调能力，平衡技能的提高能有效避免或减轻偶发事件所引起的伤害。幼儿阶段是平衡能力发展的重要时期，幼儿时期的前庭平衡能力差，如在快跑、转弯、急停、跳跃落地和在不平坦的场地上奔跑时容易失去平衡而摔倒，在稍高的平衡木或摇晃器械上走动时会害怕、紧张且稳定性差。通过体育锻炼可以提高幼儿的平衡能力，促进幼儿的体能发展和生活适应能力。[2] 足球活动给幼儿带来的不仅仅是参与游戏的快乐，更多是动作技能的提升，足球游戏中幼儿对球的控制，判断球的方向和速度，都是平衡能力的体现。例如，幼儿在进行（左右）换脚踩球、倒后搓球行进等足球游戏中，对游戏动作的学习与熟悉，可以提高身体平衡能力。如

---

[1] 耿培新，梁国立. 人类动作发展概论 [M]. 北京：人民教育出版社，2008.
[2] 庄弼. 幼儿园体育活动大纲 [M]. 广州：广东高等教育出版社，2016.

（左右）换脚踩球游戏——"踩地鼠"，球场中放置"地鼠"若干，幼儿在球场周围准备，听到教师口令跑入场内"踩地鼠"，最快速度踩到为胜利，或者踩到数量最多为胜利，幼儿通过掌握踩球的动作，提高平衡能力；倒后搓球行进——"倒车请注意"，幼儿各持球一个，在教师的指引下进行游戏，利用脚部控制球后退行进，根据幼儿掌握动作的熟练程度，可改变游戏难度，幼儿在变幻多端的游戏中体验快乐，提高平衡能力。

2. 足球活动发展幼儿灵敏素质与协调能力

灵敏性是多种运动技能、神经反应和身体素质在运动中的综合表现，它是指人体迅速改变体位、转换动作和随机应变的能力。灵敏素质是在中枢神经系统的指挥下各种身体素质的综合表现，因为神经反应决定了反应速度的快慢，判断是否准确、应答动作是否及时，它在不同程度上体现了力量、速度、持久力、柔韧等素质。神经系统是人体发育最早、最快的系统，因此幼儿时期的动作速度、平衡能力、节奏感等方面都具有很大的发展潜力，抓住这一关键时期进行练习易于发展幼儿的灵敏素质。协调性是指机体受多个系统影响而自发组织获得并产生了功能上特殊的肌肉群或协同的能力，表现为肌肉群的发力时机、动作方向及速度恰当，平衡、稳定且有节律性，机体内部及机体与运动时外部环境之间良好的协同状态。幼儿神经系统功能不稳定，抑制过程占优势，兴奋与抑制过程在大脑皮质容易扩散，神经系统活动的集中能力较弱，动作不协调，容易出现多余动作。[①] 足球游戏的多变的脚部活动，幼儿在进行控球、停球、运球等动作时，对控球和停球的灵敏反应，对运球的协调动作，都能有效地提高幼儿灵敏与协调能力。例如，控球游戏——"谁的西瓜最听话"，每人一个足球散开在球场中，听教师的口令做不同控制"西瓜"的动作，教师可根据幼儿脚下"西瓜"的听话程度变换游戏难度，幼儿通过脚搓（拨）球，听——做相结合，动作灵敏，在游戏中收获乐趣；停球游戏——"滚动的西瓜"，幼儿分组进行游戏，教师或者幼儿相互合作，幼儿原地或者在跑动中用脚停住传过来的"西瓜"，并且要想办法用最快的速度停住"西瓜"。用脚停"西瓜"时，需要眼脚协调完成动作，所以幼儿在游戏中提高协调能力；运球游戏——"西瓜大运送"，幼儿通过脚部控制球运"西瓜"，教师根据幼儿的能力不同，设置不同难度的游戏情境，让幼儿在足球活动中提高灵敏素质与协调能力，收获快乐的体验。

3. 足球活动发展幼儿力量与持久力能力

肌肉力量是指肌肉收缩时对抗阻力的能力；肌耐力是指肌肉持续对抗阻力所能维持的时间。肌肉力量是决定运动成绩的重要素质之一。要根据幼儿的身体状况和年龄特点合理安排力量素质练习的运动量，练习时间不宜过长，但内容可以多样。可以把跑、跳、投掷、体操等基本动作和游戏相结合进行练习，以激发幼儿的锻炼热情，养成良好的锻炼习惯。幼儿力量训练应以动力性和克服自身重量的练习的小强度练习为

---

① 庄弼. 幼儿园体育活动大纲［M］. 广州：广东高等教育出版社，2016.

主，遵循逐步增加的原则，不能操之过急。要掌握力量性练习的间隔时间与选择趣味性强的练习方式。练习时要按照先练大肌肉群、后练小肌肉群、全身不同肌肉群交替进行训练的原则。持久力指幼儿长时间运动时克服机体疲劳的能力，它是反映幼儿健康水平或体质强弱的一个重要标志。有氧持久力是指长时间进行有氧供能的工作能力；无氧持久力是指缺氧状态下，长时间对肌肉收缩供能的工作能力。根据幼儿时期的生理解剖特点，幼儿阶段尚不具备长时间持续剧烈运动的生理基础，主要是发展幼儿的有氧持久力，应避免让幼儿的体育活动强度进入无氧代谢的状态。[①] 足球活动本身是一项耐力的运动，幼儿参与足球活动练习，可以更好锻炼力量与持久力。幼儿参与踢球射龙门、双手抛球、追球跑、合作抢球等游戏中能增强幼儿力量，提高持久力。例如，踢球射龙门——"看谁射得准"，球场放置若干雪糕筒或者龙门，幼儿持球准备，听教师口令踢球将雪糕筒击倒或者将球踢进龙门者为胜，幼儿利用脚踢球射龙门，增强下肢力量；双手抛球——"保龄球高手"，球场放置雪糕筒若干，幼儿双手将球从身体前面或胯下抛出，击倒雪糕筒的数量最多者为胜，教师可以根据幼儿能力增减幼儿与雪糕筒之间的距离，不同的抛球方式从不同程度发展幼儿的上肢力量；追球跑——"汤圆别跑"，幼儿自己持球或者教师持球准备，听到教师口令，将球向前方踢出，幼儿随即向前追球，最快追到球者为胜，教师根据幼儿控制球的能力变换踢球的力量，幼儿通过持续跑动，提高持久力；合作抢球——"捕鱼"，幼儿持球在球场中分散游戏，教师或指定幼儿扮演捕鱼者，丢失脚下的"鱼"者为败，判出场外等待，全部鱼被捕完或到规定时间游戏结束，幼儿在持续的游戏过程中可提高持久力。

四、足球活动改善幼儿感觉统合能力

感觉统合是指脑对个体从视听觉、触觉、本体感觉、前庭觉等不同感觉通路输入的感觉信息进行选择、解释、联系和统一的神经心理过程，是个体进行日常生活、学习和工作的基础。幼儿感觉统合能力的发展受个体内外因素的相互影响。个体自身的身心发展，特别是中枢神经系统的发展起关键作用。其次，幼儿接受的环境刺激对身体的发展有重要的影响，是感觉统合发展的重要因素。

幼儿时期是各种基本能力发展的关键时期，感觉统合能力发展在幼儿时期的发展尤为关键。在此阶段，本体感觉、前庭觉、触压觉、视觉、听觉及躯体运动系统能很好地承担本系统内的任务，并实现系统间的协同运作，身体运动协调性、感知与动作的协调性、注意力、记忆力、言语表达能力、意志品质及情绪管理有了较好发展，就能够基本满足独立生活、学习和交往的需要。幼儿参加足球活动，最大限度地促进幼儿基本动作的发展。在参加足球活动过程中，幼儿通过身体各个部位对足球的接触，进行足球停球、运球、踢球等动作的练习，都是对幼儿本体感觉、触觉、视觉、听觉的综合锻炼，所以在幼儿积极参与足球活动后，都能非常全面地改善幼儿的感觉统合

---

① 庄弼. 幼儿园体育活动大纲［M］. 广州：广东高等教育出版社，2016.

能力。

幼儿阶段神经系统的发育水平主要表现在两个方面：一是传入神经纤维和传出神经纤维的髓鞘化程度及信息传输效率；二是中枢神经系统各功能区相互联系及信息整合水平。神经系统的发展虽然离不开外界环境的刺激，但其发展既有连续性又有阶段性，既有可塑性又有代偿性。连续性是指神经系统发育连续不断，随着生理年龄的增长，其结构和功能不断完善。阶段性是指神经系统发展的过程不是均等的，不同能力的发展有其自身的关键期，错失关键期就可能导致该能力发展不足，甚至以后难以弥补。可塑性和代偿性是指中枢神经系统损坏的区域会表现出一定的自我修复能力，或者其他区域的神经组织代替受损区域的功能。神经系统的代偿性和可塑性受年龄及干预水平等因素的影响，年龄越小，干预越早，神经系统受损功能的恢复效果越好。那么在幼儿阶段通过足球活动干预幼儿感觉统合，是一个较为合适的手段，足球活动中的游戏所包含的内容主要是以幼儿平衡、灵敏与协调、力量与持久力，在幼儿进行活动时，都能够锻炼到上述所提到的三个方面的动作，并且通过游戏的形式开展更容易让幼儿所接受。

第二节　幼儿足球的特点

一、幼儿体育游戏特点

目前有很多对游戏的理解和说法，从不同学者的研究结果看，可以认为游戏是一种游戏者发自内心的自愿行为，游戏者在虚拟的情境中通过扮演虚拟的角色获得相应的情感体验。游戏是学前儿童的基本活动。游戏具有兴趣性、具体性、虚构性、自由自愿性、社会性等特点。

幼儿体育游戏又称活动性游戏，是规则游戏的一种。旨在发展幼儿走、跑、跳、攀登、钻爬、投掷等基本动作和技能。

幼儿体育游戏的特点：锻炼身体，促进发育；富于娱乐性和竞赛性；发展智力，陶冶情操。

体育游戏的目标：体育游戏既是健康教育的手段之一，也是儿童教育活动的组织形式和方法，其最终目标是增强幼儿体质，促进其身心和谐发展，发展其动作及体能，提高其适应能力、应变能力，促进其生长发育，增强其体质。培养幼儿开朗活泼、积极向上的良好性格，陶冶健康情操。锻炼和培养幼儿观察力、记忆力、判断力、应变力、创造力，发展认知、促进思维、增强感知能力（粗细、大小、宽窄、高低方位等）。培养其规则意识、竞争意识、合作意识、团队精神、勇敢精神、拼搏精神等。增强幼儿动作美、形体美、心灵美、行为美、创造美的意识。通过体育游戏培养幼儿参加体育活动的兴趣，养成良好的锻炼习惯，为其终身体育奠定初步的基础。

体育游戏在体育活动中的应用：根据活动目的选择游戏；根据活动环节选择游戏（开始、准备、基本、结束）；根据活动形式选择游戏（主题、情节式教学——"猫捉老鼠"）。此外，还可运用在幼儿活动延伸中，进一步掌握、提高动作技能，发展体能，培养幼儿兴趣，发展其个性，开阔幼儿眼界，增长知识、培养能力，扩大幼儿交往意识和能力等。

二、幼儿足球游戏活动特点

《指南》要求：营造温暖、轻松的心理环境，让幼儿形成安全感和信赖感。教师应以欣赏的态度对待幼儿，注意发现幼儿的优点，接纳他们的个体差异，不与同伴做横向比较，保持良好的情绪状态，以积极、愉快的情绪影响幼儿，幼儿做错事时要冷静处理，不厉声斥责，更不能打骂，以帮助幼儿学会恰当表达和调控情绪。教师应用恰当的方式表达情绪，为幼儿做出榜样，与幼儿一起谈论自己高兴或生气的事，鼓励幼儿与人分享自己的情绪，允许幼儿表达自己的情绪，发现幼儿不高兴时，主动询问情况，并给予适当的引导，帮助他们化解消极情绪。

保证幼儿的户外活动时间，提高幼儿适应季节变化的能力。幼儿每天的户外活动时间一般不少于 2 小时，其中体育活动时间不少于 1 小时，季节交替时要坚持体育活动，气温过热或过冷的季节或地区应因地制宜，选择温度适当的时间段开展户外活动，也可根据气温的变化和幼儿的个体差异，适当减少活动的时间。建议常与幼儿玩拉手转圈、秋千、转椅等游戏活动，让幼儿适应轻微的摆动、颠簸、旋转，促进其平衡机能的发展，及锻炼幼儿适应生活环境变化的能力。此外，经常带幼儿接触不同的人际环境，如参加亲戚朋友聚会，多和不熟悉的小朋友玩，使幼儿较快适应新的人际关系。

采用多种活动方式发展身体平衡和协调能力，如鼓励幼儿进行跑跳、钻爬、攀登、投掷、拍球等活动，发展幼儿动作的协调性和灵活性；幼儿在技能性活动中，不要过于强调动作次数，更不能进行机械训练，应结合活动内容对幼儿进行安全教育，注重在活动中培养幼儿的自我保护能力。

1. 遵循幼儿身心发展规律

幼儿足球教学过程中，熟悉幼儿身心发展状况是非常必要的，如幼儿注意力持续时间不长，容易分散，抗干扰能力差。3 岁左右的幼儿自我意识较弱，6 岁左右幼儿自我意识增强，比较喜欢竞赛游戏等。此外，幼儿身体机能发育不完全，肌肉发育不均衡，身体调节体温的能力弱，适应外界气候变化能力不强，等等，如果教师不熟悉、不遵循幼儿身心发展规律，将直接影响教学过程的有效性。要想做到安全教学、有效教学，就必须遵循幼儿身心发展规律，这是提升幼儿足球教学过程品质的基础要素。

2. 教学方法多样

教学过程就是一个信息传递的过程，方式应该是多种多样的。教师的知识储备，对各种教学方法的运用能力也是非常重要的，幼儿足球课堂也是如此。教师的专业能

力储备以及教学手段方法的储备直接影响教学过程，因为幼儿是有个体差异的，如何让更多的幼儿通过教学能有所获，这需要教师运用不同的活动方法，去应对幼儿的个体差异的变化。根据幼儿好动、好玩的心理特点，每堂课的教学内容要多样化，一般不少于三个活动项目，各活动项目的时间安排不宜过长，组织教学要紧凑。即使同一内容的教学也可以从不同的角度切入。例如，在幼儿跑的教学中，教师可以变换跑的形式，如往返跑、各种姿势的起跑、抢物跑、折线跑、过障碍跑等，丰富教学内容的内涵和外延。

3. 教学内容游戏化、情境化

幼儿教学内容应该从最基本的动作出发，如无球状态（跑跳蹲起、变向、躲闪、追逐等）、有球状态（停运踢）、两人配合、多人配合等内容是通过游戏的形式进行教学的。把教学内容进行游戏化改造，让学生在体验乐趣的同时掌握一定的技能。如将球变成"西瓜""鸡蛋""球宝宝"，开展"运西瓜""保护鸡蛋""带宝宝玩游戏"等活动形式，提高幼儿的练习积极性，更有效地练习足球动作。另外，许多的教学内容和我们的生活紧密相连，可以将教学内容设计得更贴近学生的生活实际，如一次郊游，走在平路上——慢跑；爬山——原地高抬腿跑；过独木桥——两手侧平举或足尖跳；盘山道走——曲线行进等。

4. 教学语言童趣，形象生动

3~6岁幼儿对于生动形象直观的事物比较容易认识，这就决定教师在教学过程中需要提供更加直观形象的辅助器材和讲解示范，而且语言童趣，生动夸张，富于情感，对幼儿熟知的动画片、电影、玩具，或生活中常见的场景进行加工，并灵活运用到教学活动中去，增强教学吸引力，激发幼儿学习兴趣。

5. 合理运用多媒体动作

3~6岁幼儿理解能力有限，对于一些比较复杂的游戏、情境、动作理解有限，教师可适当地运用一些多媒体课件以降低幼儿理解难度，这可丰富幼儿的视野，储备更多形象具体的素材。另一方面，教师在课程环节、游戏环节利用音乐做背景烘托气氛能让幼儿更加投入，锻炼效果更好，与幼儿一起互动，可以让活动变得更有趣。由此可见，采用多媒体动作进行教学，幼儿既能看得清、学得快，又能记得牢、把握准，更能够促进教学效果的提升。

第三节　安全有效开展幼儿足球游戏活动

一、安全开展幼儿足球游戏活动

安全开展体育活动是幼儿体育锻炼的首要保障，如何使幼儿在安全的前提下尽情享受体育活动带来的快乐？这是教师要重视的问题。3~6岁幼儿身体机能不成熟，自控能力、注意力有限，安全意识薄弱，自我保护意识缺乏，这就要求作为活动引导者的教师，提前做好活动预案，搜集关于安全教育的资料，用最有效的方式做好安全教育，鼓励幼儿主动参与讨论"如何尝试自我保护"，并在教师指导下尝试保护自己的亲身体验。除此之外，教师需要在课前做好场地器材安全检查，活动中根据实际情况做出合理调整，充分考虑因幼儿个体差异产生的不同效果和状态引发的安全隐患，还要对突变天气带来的影响要做好预案，活动后及时反思和调整，为下次安全开展体育活动做好准备。

如何安全地开展幼儿足球活动可从几个方面来思考：

一是从自身角度出发，引导幼儿学习安全常识，形成活动安全常规，形成自我保护的意识。在幼儿足球活动开展的过程中，教师要相信幼儿，通过引导和强化练习可以让3~6岁幼儿形成较好的活动安全常规意识。例如，在进行足球活动前要检查有没有穿着足球活动服装，如衣服、裤子、鞋子等，是否带齐饮用水、替换的衣服，如出现身体不适应立即停止运动并及时告知老师，待身体恢复再进行活动，集体练习时避免拥挤，控制好行进方向，对抗时不可故意伤害对方，也不能做抬脚过高、推人、背后钩铲球等违规动作，不要在不适合踢球的场地踢球，如车多人多、场地凹凸不平、湿滑地面、场地周围安全隐患多等地方。

二是从教师角度出发，做好安全教育，每次课前例行检查运动装备，对场地器材进行安全检查，认真备课。活动过程中，做到有组织、有计划地开展幼儿足球活动，对于身体能力较弱的孩子多点关注，设计与其能力相符合的活动难度，避免因难度太大造成的安全隐患发生，鼓励能力强的孩子帮助能力弱的孩子，如示范、协助、配合等办法。活动后提醒幼儿及时补充水分，少量多次，更换干净衣裤，提醒家长科学合理给孩子补充营养，做到保育保健安全。除此之外，3~6岁幼儿肌肉、骨骼发展不均衡、不成熟，心血管系统发育较差，心脏收缩力和节律性差，心率较快，肺的发育也不完善，因此要求教师在开展活动时，注意控制好运动量和运动强度，视实际情况适当减少幼儿活动时间，以生理负荷一般、强度中等的有氧代谢练习为主。

三是医务保障方面。幼儿在运动过程中难免磕磕碰碰，还会有一些意外情况发生，设置医务保障岗位，能够及时解决意外情况对幼儿造成的伤害，降低因为没有及时正确地处理而发生二次伤害的风险，影响幼儿身体恢复或留下伤疤。

二、有效开展幼儿足球游戏活动的策略

所谓有效，即是有成效、有效果的意思。幼儿足球活动开展要有成效，应该从教师教、幼儿学、家长促几个方面来看。

一是教师教。教师需要有足球专项运动方面的储备，熟悉足球练习以及学习的一般规律，了解每个动作之间的内在联系。此外，还需要根据不同年龄幼儿的特点，设

计不同的教授、引导方法，运用幼儿更易于理解的语言表达出来，让幼儿明白，愿意去尝试，喜欢去练习。例如，停球练习过程中允许幼儿先用手停球，再过渡到用脚停；运球练习，可以告诉小班幼儿"请将大西瓜（足球）抱回家"；而大班孩子则可以说"用脚推着小汽车（足球）回到家"，等等。

二是幼儿学。其实这也还是教师教，只是角度有变化，教师的"教"要变成"潜移默化，润物细无声"，从"教"变成"引导—鼓励—激发"。教师要通过多观察，不断调整策略来帮助幼儿学，帮助幼儿练，通过观察幼儿的变化，调整运动节奏、快慢缓急、简繁难易，尽量让每个幼儿都能快乐地参与其中。

三是家长促。这是要让家长认识到运动带给幼儿的益处，并且使家长更加明确地知道足球活动带给幼儿的独特锻炼价值，为了幼儿的健康和未来的发展，主动支持幼儿参与足球活动，积极配合教师在足球活动中渗透的规则意识、安全意识教育和挫折教育，并及时向教师反馈幼儿练习后的心理感受，达成教师和家长联动，促成更好的锻炼效果。

当然，开展有效的幼儿足球活动也同样离不开国家政策支持，学校领导的关心帮助，各方参与幼儿足球活动的各个层面，形成合力，一起推动幼儿足球的有效开展。

第四节　幼儿足球的基本特征

一、幼儿足球场地

1．3人制足球场

3人制足球场适合4～5岁幼儿进行足球活动以及趣味比赛使用，场地为长度20～32米、宽度10～15米的长方形，3人制足球场建议四围增加护栏，以提高幼儿足球比赛体验。球门线的长度必须要小于球门边线的长度。球门的高度为1.2米，长度为2.4米。球门网的空间距离为上方0.8米，下端1米。

2．5人制足球场

5人制足球场适合5～6岁幼儿进行足球活动以及趣味比赛使用，5人制足球场参照国际5人制足球场大小，场地为长度30～42米、宽度20～25米的长方形，球门线的长度必须小于球门边线的长度。球门的高度为1.2米，长度为2.4米。球门网的空间距离为上方0.8米，下端1米。

二、幼儿足球器材与装备

1. 足球

成人标准足球为5号足球，中小学生使用的足球为4号或者3号足球，幼儿足球使用3号足球，足球直径约为18厘米。小班幼儿在进行足球活动时，为提高幼儿活动体验，建议使用轻质的塑胶球或者自制纸球。中大班幼儿在进行足球活动时，应当注意足球的充气气压不宜过足，足球置于成人头顶将球自然下落，足球初次弹起的高度以不超过成人膝盖为宜。幼儿园开展足球活动也可以使用自制足球。自制足球重量和大小可以根据3号足球的重量和大小进行制作，也可以根据幼儿园教学需要自制一些有特色的足球，以提高幼儿参加足球活动的兴趣。

2. 足球服装

幼儿在选用足球服装时应尽量选择柔软宽松的运动服装，裤子一般选择长度不超过膝盖的短裤，上衣一般选择短袖上衣。冬天参加足球活动时，幼儿可穿着运动长裤，裤脚以紧缩型为宜，上衣可在球衣外加穿外套，热身运动后再根据自身条件减少上衣。幼儿体质不同于青少年，故在参加足球运动时，应当准备好换洗衣服，运动后及时更换衣服。

3. 足球袜和足球鞋

幼儿参加足球活动时，不建议着装带钢钉的专业足球鞋，可以选用胶粒足球鞋，鞋面不宜过厚，以免影响幼儿对足球的感知觉，选用的足球鞋过紧会影响幼儿脚踝关节以及脚底神经发育，过于宽松会影响幼儿运动体验，故幼儿足球鞋选用应当刚好合脚为最佳。足球袜子一般为长筒袜，可拉伸至膝盖位置为宜，由于大班幼儿会参加足球比赛，故在比赛时会佩戴足球护脚板，长筒袜以起到固定护脚板的作用。

第二章　足球游戏案例

第一节　发展幼儿平衡能力的游戏案例

一、左右脚交替踩球

（一）活动目标

发展幼儿的平衡能力，锻炼其腿部力量，让其学会左右脚交替踩球，让幼儿喜爱足球活动。

（二）活动内容

学习左右脚交替踩球动作。

（三）活动要求

1. 热身要求

热身环节采用偏重于腰腹和下肢的活动，尤其对髋、膝盖、脚踝关节的活动要充分。

2. 活动组织要求

活动过程应循序渐进，注意幼儿的心理变化，活动环节具有可操作性、趣味性，并能够关注幼儿个体差异。

（四）活动案例

游戏名称：不倒翁。

游戏玩法：

方法一，原地左右脚单脚立，教师在不碰到幼儿的前提下，用声音动作等干扰其单脚立，鼓励并表扬单脚立时间长的幼儿。

方法二，幼儿双手抱球在胸前，原地高抬腿，幼儿膝盖需碰到足球。可从慢速开始，逐渐过渡到快速，注意保持好身体的平衡。

方法三，幼儿双手打开保持好平衡，左脚先连续踩球，然后右脚连续踩球，逐步将左右脚交替的间隔变短，直至左右脚能快速交替踩球。（见图2-1）

（a）右脚踩球　　　　　　　　　（b）左脚踩球

图 2-1　左右脚交替踩球

（五）评价建议

（1）如幼儿练习过程中无法保持身体平衡，可降低练习难度。幼儿低水平阶段可以"单脚立、单双脚交替跳"等动作游戏循序渐进开展练习。

（2）如幼儿练习过程中身体协调，平衡较好，可适当增加难度。幼儿水平较高阶段可加大动作幅度，加快动作频率来提高练习的效率。

（六）育人点

（1）活动过程中，通过规则要求的讲解和练习，锻炼幼儿规则意识，增强社会适应能力。

（2）通过反复的练习活动，培养幼儿克服困难的意志品质。

二、左右脚交替踢悬吊球

（一）活动目标

发展幼儿的平衡能力，锻炼其腿部力量，学会左右脚交替踢悬吊球，让幼儿喜爱足球活动。

（二）活动内容

学习左右脚交替踢悬吊球动作。

（三）活动要求

1. 热身要求

热身偏重于腰腹和下肢的活动，尤其髋、膝盖、脚踝关节的活动要充分。

2. 活动组织要求

活动过程应循序渐进，教师密切注意幼儿的心理变化，活动环节应具有可操作性、趣味性，并能够关注幼儿个体差异。

（四）活动案例

游戏名称：跳跳鼠。

游戏玩法：

方法一，左右脚原地单脚立，教师在不碰到幼儿的前提下，用声音动作等对幼儿进行干扰，鼓励表扬单脚立时间长的幼儿。

方法二，幼儿两人一组，一人拿海绵棒半蹲，海绵棒离地10厘米静止不动，另一人在海绵棒的一侧，后者用脚背交替踢海绵棒，并保持身体平衡，5分钟后两人交换。踢海绵棒的过程中可从慢速开始，慢慢过渡到快速，注意保持好身体的平衡。

方法三，幼儿单手拿悬吊球保持好平衡，左脚先连续踢球，然后右脚连续踢球，注意控制踢球力度，逐渐将左右脚交替的间隔变短，直至左右脚能快速交替踢球。（见图2-2）

图2-2　左右脚交替踢悬挂球

（五）评价建议

（1）在练习过程中教师应观察幼儿身体平衡状态，如幼儿出现身体失去平衡、踢不中球或无法连续踢球的情况，则说明幼儿平衡能力和腿部力量有待提高，对此，教师应适当降低练习难度，循序渐进地开展练习。

（2）如幼儿在练习过程中身体协调，平衡能力较好，教师可适当增加难度，若幼儿处于水平较高阶段也可加大动作幅度和加快动作频率来提高练习的效率。

（六）育人点

（1）活动过程中，通过规则要求的讲解和练习，锻炼幼儿规则意识。
（2）通过反复的练习活动，培养和锻炼幼儿克服困难的意志品质。
（3）通过两人一组协同练习，锻炼幼儿协同合作能力，增强社会适应能力。

三、绕球跑后交替踩球

（一）活动目标

发展幼儿的平衡能力，锻炼其腿部力量，熟练掌握左右脚交替踩球，让幼儿喜爱足球活动。

（二）活动内容

练习左右脚交替踩球动作。

（三）活动要求

1. 热身要求

热身偏重于腰腹和下肢的活动，尤其髋、膝盖、脚踝关节的活动要充分。

2. 活动组织要求

活动过程应循序渐进，教师密切注意幼儿的心理变化，活动环节应具有可操作性、趣味性，并能够关注幼儿个体差异。

（四）活动案例

游戏名称：赶走大灰狼。
游戏玩法：
方法一，当大灰狼来时，幼儿双手打开保持身体平衡，左右脚快速交替踩球赶走大灰狼。
方法二，大灰狼会绕道去到小朋友的后面，所以在连续交替踩球的过程中，还要面对移动的大灰狼，注意保持身体的平衡。
方法三，大灰狼来了，幼儿要迅速绕足球跑5圈，然后单脚踩球不动，躲避大灰狼。
方法四，大灰狼来了，幼儿要迅速绕足球跑5圈，然后左右脚交替踩球，躲避大灰狼。（见图2-3）

（a）绕球跑　　　　　　　　　　（b）交替踩球

图 2-3　绕球跑和左右脚交替踩球

（五）评价建议

（1）在幼儿练习过程中教师应观察幼儿身体平衡状态，如幼儿出现身体失去平衡、踩不中球或无法连续踩球的情况，则说明幼儿平衡能力和腿部力量有待提高，对此，教师应适当降低练习难度，循序渐进地开展练习。

（2）如练习过程中身体协调，平衡较好，教师可适当增加难度，在幼儿处于水平较高阶段可加大动作幅度，加快动作频率来提高练习的效率。

（六）育人点

（1）活动过程中，通过规则要求的讲解和练习，锻炼幼儿规则意识。
（2）通过反复的练习活动，培养和锻炼幼儿克服困难的意志品质。
（3）通过大灰狼的加入，锻炼幼儿勇敢坚强的品质，增强社会适应能力。

四、倒后搓球行进

（一）活动目标

发展幼儿的平衡能力，锻炼其腿部力量，学会倒后左右脚交替搓球，让幼儿喜爱足球活动。

（二）活动内容

学会倒后左右脚交替搓球动作。

（三）活动要求

1. 热身要求

热身偏重于腰腹和下肢的活动，尤其髋、膝盖、脚踝关节的活动要充分。

2. 活动组织要求

活动过程应循序渐进，教师密切注意幼儿的心理变化，活动环节应具有可操作性、趣味性，并能够关注幼儿个体差异。

（四）活动案例

游戏名称：搓汤圆。

游戏玩法：

方法一，幼儿坐在凳子（地板）上，双脚同时搓球（前后左右）。如果能够较好地完成动作，教师可适当增加单脚搓球练习。

方法二，幼儿站立打开双手保持平衡，左脚先连续搓球，然后右脚连续搓球，保持平衡的情况下，左右脚交替搓球练习。

方法三，幼儿站立打开双手保持好平衡，左脚先连续搓球以右脚为轴倒退转圈，然后交换为右脚搓球以左脚为轴倒退转圈，在保持身体平衡的情况下，进行左右脚交替搓球练习。

方法四，幼儿站立打开双手保持平衡，在保持身体平衡的情况下，进行左右脚交替倒退搓球练习。（见图2-4）

（a）倒后搓球 　　　　　　　　（b）倒后搓球行进

图2-4　倒后左右脚交替搓球

（五）评价建议

（1）在练习过程中教师应观察幼儿身体平衡状态，如幼儿出现身体经常失去平衡、踩不中球或无法连续踩球的情况，则说明幼儿平衡能力和腿部力量有待提高，对此，教师应适当降低练习难度，循序渐进地开展练习。

（2）如幼儿在练习过程中身体协调，平衡能力较好，教师可增加难度，若幼儿处于水平较高阶段也可加大动作幅度，加快动作频率来提高练习的效率。

（六）育人点

（1）活动过程中，通过规则要求的讲解和练习，锻炼幼儿规则意识。

(2)通过反复的练习活动,培养和锻炼幼儿克服困难的意志品质。

第二节 发展灵敏与协调类足球游戏案例

一、听哨声运球、停球(红绿灯)

(一)活动目标

发展幼儿的身体协调能力,锻炼其腿部力量,学会听哨声运球、停球,让幼儿喜爱足球活动。

(二)活动内容

学会听哨声运球、停球动作。

(三)活动要求

1. 热身要求

热身偏重于腰腹和下肢的活动,尤其髋、膝盖、脚踝关节的活动要充分。

2. 活动组织要求

建议从无球到有球的活动顺序进行活动,活动过程应循序渐进,教师密切注意幼儿的心理变化,活动环节应具有可操作性、趣味性,并能够关注幼儿个体差异。

(四)活动案例

游戏名称:红绿灯。

游戏玩法:

方法一,幼儿每人一球,听到绿灯行的哨声时向前直线运球,教师提醒幼儿可以利用脚底运球前进;当听到红灯停的哨声时,幼儿用脚底将球停住。

方法二,幼儿每人一球,听到绿灯行的哨声时,幼儿运球绕障碍物前进,教师提醒幼儿可以利用脚内侧或脚外侧运球;当听到红灯停的哨声时,幼儿用脚底将球停住。

方法三,幼儿在规定的空地自由运球,听到教师哨声停球,游戏过程中教师不断在场地中添加障碍物,或者提醒幼儿注意安全,不能触碰到老师,通过增加难度提高幼儿运球的灵活性以及脚部动作的协调。

方法四,幼儿扮演交警叔叔,停住开过来的"小车"(足球),教师提醒幼儿运用脚底停球,或者脚内侧、脚外侧停球,教师根据幼儿的能力确定推出去的球的速度快慢。(见图2-5)

(a)听哨声运球　　　　　　　　　(b)听哨声停球

图 2-5　听哨声运球、停球

(五)评价建议

(1) 在活动过程中,教师可以适当增加运球难度,特别是对大班幼儿,可以在热身阶段充分利用运球和停球进行热身,增强热身环节的趣味性。

(2) 在练习过程中,教师应密切观察幼儿身体协调状态,如出现运球不稳、经常掉球、停球停不住等情况,则说明幼儿身体协调能力和腿部灵活性有待提高,此时,教师可适当降低练习难度,先进行无球练习,再进行有球的原地练习,最后进行有球移动练习。

(六)育人点

(1) 通过玩红绿灯的游戏,锻炼幼儿的倾听能力,懂得听哨声并迅速做出反应;同时,在运球及绕障碍前进时,可锻炼幼儿眼与脚的身体协调性。

(2) 幼儿通过学习后掌握运球、停球的动作,增加其运动自信,培养和锻炼其面对困难时勇敢克服的意志品质。

二、自抛自踢或你抛我踢(不一样的"乒乓球")

(一)活动目标

发展幼儿的身体协调能力,锻炼其脚部的灵活性,学会自抛自踢球、你抛我踢球,让幼儿喜爱足球活动。

(二)活动内容

学会自抛自踢球、你抛我踢球动作。

(三)活动要求

1. 热身要求

热身偏重于腰腹和下肢的活动,尤其髋、膝盖、脚踝关节的活动要充分。

2. 活动组织要求

建议从无球到有球的活动顺序进行活动,活动过程应循序渐进,教师应密切注意幼儿的心理变化,活动环节应具有可操作性、趣味性,并能够关注幼儿个体差异。

(四)活动案例

游戏名称:不一样的"乒乓球"。

游戏玩法:

方法一,幼儿双手托住足球,站立姿势,听到哨声后松开双手,足球自然落下时用脚背将球往外踢出去,或两名幼儿呈L形站立,一名幼儿手上托球,另一名幼儿准备踢球,听到哨声后前者将球抛至后者脚部方向,后者将球踢向正前方。

方法二,幼儿成一列横队站立,在幼儿前方的一定距离放置体操垫若干,幼儿听哨声后自抛自踢将球踢出落在体操垫为成功,或两名幼儿呈L形站立,一名幼儿手上托球,另一名幼儿准备踢球,前者听到哨声后轻轻将球抛至后者脚部方向,后者将球踢向体操垫。

方法三,在幼儿前方放置雪糕筒若干,幼儿自抛自踢将雪糕筒击倒,或幼儿呈L形站位,运用你抛我踢将雪糕筒击倒。(见图2-6)

(a)自抛自踢球

(b)你抛我踢球

图2-6 自抛自踢球、你抛我踢球

(五)评价建议

(1)幼儿在练习自抛自踢动作时,教师应提醒幼儿先用脚背踢球,动作熟练后可尝试脚内侧或脚外侧踢球,练习过程要交换两边脚部练习。

(2)在练习过程中,教师应密切注意观察幼儿身体协调状态,如幼儿出现接不住自己抛出的球或接不住别人抛出来的球等情况，则说明幼儿身体协调能力和腿部灵活性有待提高，此时，教师可适当降低练习难度。另外，自抛自踢可加球袋练习，你抛我踢可先用大球再用小球。

（六）育人点

（1）从不断的失败到偶尔成功再到成功，幼儿的运动成就体验由低迷到高潮，从而锻炼幼儿的意志力。

（2）在自抛自踢的活动中，幼儿要保持专注力，并且眼、手、腿相互之间要配合好，才能取得成功，活动能很好地促进幼儿的感觉统合及身体协调性的发展。

（3）在你抛我踢的活动中，幼儿间的默契合作，让其收获了友谊，增强合作意识。

三、合作直线运球跑（送球宝宝"回家"）

（一）活动目标

发展幼儿的身体协调能力，提高其专注力，学会直线运球跑的足球动作，培养其合作运球团队意识。

（二）活动内容

学会合作直线运球跑动作。

（三）活动要求

1. 热身要求

热身偏重于腰腹和下肢的活动，尤其髋、膝盖、脚踝关节的活动要充分。

2. 活动组织要求

建议从无球到有球的活动顺序进行活动，活动过程应循序渐进，教师应密切注意幼儿的心理变化，活动环节应具有可操作性、趣味性，并能够关注幼儿个体差异。

（四）活动案例

游戏名称：送球宝宝"回家"。

游戏玩法：

方法一，将幼儿分成两组，相对而站。哨声响起，幼儿开始直线运球到对面的幼儿，然后由接球的幼儿开始往起点运球，如此相互配合直线运球。

方法二，将幼儿分成多组，在终点处放置足球收纳筐，幼儿分别直线运球到终点并接球放到收纳筐后，快速跑回起点与下一位幼儿击掌，下一位幼儿再次运球，直到

本组所有球运到收纳筐即为完成送球宝宝"回家"的任务。(见图2-7)

(a) 合作运球

(b) 合作直线运球

图2-7 合作直线运球跑

(五)评价建议

(1)教师提醒幼儿在脚背运球时注意要降低重心,放松身体,避免运球时身体太过僵硬而导致向前或踩球摔倒。

(2)在练习过程中,教师应注意观察幼儿脚部是否灵敏协调,如幼儿出现不能直线运球,不能将球控制在脚部范围内等情况,则说明幼儿身体协调能力和腿部灵活性有待提高,此时,教师可适当降低练习难度,先进行短距离的练习,再进行长距离的练习,最后才进行合作运球的练习。

(六)育人点

(1)活动过程中,幼儿可利用自己的方法与技巧,将足球运送到指定终点,让幼儿充分体验爱心与责任心,培养幼儿有责任有担当的优良品质。

(2)幼儿间通过相互合作将球运送"回家",锻炼幼儿互帮互助、相互合作的能力。

(3)在合作直线运球跑的过程中,极大地促进和发展幼儿的思维判断力。

四、多人合作传球(弹珠子)

(一)活动目标

发展幼儿的灵敏与协调能力,加强其腿部力量锻炼,熟练传接球动作,让幼儿喜爱足球活动。

(二)活动内容

练习多人合作传球动作。

（三）活动要求

1. 热身要求

基本身体动作热身：头部运动、肩部运动、腰部运动、膝关节运动、手腕脚踝关节运动，热身偏重于腰腹和下肢的活动，尤其髋关节、膝盖、脚踝的活动要充分。

2. 活动组织要求

活动过程应循序渐进，教师应密切注意幼儿的心理变化，活动环节应具有可操作性、趣味性，并能够关注幼儿个体差异。

（四）活动案例

游戏名称：弹珠子。

游戏玩法：

方法一，弹珠子（一个球）。足球放置幼儿双脚前方，幼儿们3人为一组，呈三角形，幼儿利用脚内侧传球，完成弹珠任务，听到老师哨声后，幼儿单脚支撑，用惯用脚进行传球，支撑脚要站好，摆动腿要稍用力，但不可用力太大。

方法二，弹珠子（两个球）。足球放置在幼儿双脚前方，幼儿5人为一组，呈五角形，熟悉一个球传球后，可增加一个球，一个组两个球进行游戏，还可以通过加快传球速度以增加游戏难度和趣味性。

方法三，弹珠子（多个球）。足球放置在幼儿双脚前方，幼儿多人为一组，呈多边形，熟悉一个球传球后，可逐渐往圈内增加足球数量，也可以通过两组进行规定时间内传球，次数最多组为胜利。这样可提高游戏的难度和趣味性。（见图2-8）

（a）传球　　　　　　　　　　　　　（b）传球

图2-8　多人合作传球

（五）评价建议

（1）幼儿在活动初期，教师应提醒幼儿在传球时注意不要用脚尖传球，一定要使用脚内侧或者脚弓，避免一开始动作基础不扎实。

（2）在练习过程中，如幼儿身体协调，灵敏性较好，教师可适当增加难度，若幼儿处于水平较高阶段，可通过控制游戏的时间与密度以增加游戏难度，也可加快活动频率以提高活动效率。

（六）育人点

（1）游戏难度的不断提升既激发了幼儿参与挑战的兴趣，同时又锻炼其吃苦耐劳、克服困难的意志品质。

（2）通过多人合作游戏，锻炼幼儿团队合作的能力，增强社会适应性，同时有利于幼儿形成互相帮助、善于合作的良好性格。

五、一对一或二对二抢球（老鹰抓小鸡）

（一）活动目标

发展幼儿的灵敏与协调能力，锻炼其腿部力量，学会一对一或二对二抢球，激发其对足球感兴趣。

（二）活动内容

学习一对一或二对二抢球动作。

（三）活动要求

1. 热身要求

徒手模仿操。如幼儿扮演飞机，跟随教师起飞、降落。或者小鸡点点头、大象摆摆手、小蛇扭扭腰、猴子摘葡萄。

2. 活动组织要求

游戏过程应循序渐进，教师应密切注意幼儿的心理变化，情境设计应符合其心理，游戏活动环节应具有可操作性，并能够关注幼儿个体差异。

（四）活动案例

游戏名称：老鹰抓小鸡。

游戏玩法：

方法一，小鸡接力赛。将幼儿分成人数相等的两队，每队再分成甲、乙两组分别站在两条运球线后。甲组排头幼儿和乙组排头幼儿向前运球到指定的终点，击掌后传给本组下一个幼儿，返回的幼儿分别站本组的后面，游戏依次进行，最后以运球完成速度最快组为胜。获胜的队伍可以选择下一个游戏里扮演老鹰或者小鸡（足球）。

方法二，一战老鹰捉小鸡（一对一抢球）。每两个幼儿为一组，一个幼儿保护小鸡（足球），另一个幼儿当老鹰。当老鹰捉到小鸡（足球），则两个幼儿需互换角色；当小鸡（足球）回到鸡窝，两个幼儿也需要互换角色，游戏重新开始。（见图2-9）

方法三，二战老鹰捉小鸡（二对二抢球）。每4个幼儿为一组，两个幼儿保护小鸡（足球），另两个幼儿当老鹰。当老鹰捉到小鸡（足球），则两个幼儿需互换角色；当小鸡（足球）回到鸡窝，两个幼儿也需要互换角色，游戏重新开始。注意：保护小鸡（足球）的幼儿可以在两个人之间互相传球，躲避老鹰的攻击。

图2-9 一对一抢球

（五）评价建议

（1）幼儿在游戏抢球与保护球的过程中，容易发生碰撞，在低水平阶段可以先进行无球练习，再到有球练习，如此循序渐进地开展游戏活动。

（2）大班幼儿竞争意识相对比较强烈，因此在大班开展抢球游戏比较合适。

（六）育人点

（1）在活动过程中，幼儿可以进行抢球者与保护球者角色的相互转换，这既能体会到个人角色的决策力，感受到团体的合作性，又增强了幼儿的领导力、团队责任感及集体意识。

（2）通过反复转换角色的练习，能培养和锻炼幼儿克服困难的意志品质。

第三节 发展力量与持久力类足球游戏案例

一、踢球后快跑追球（比比看谁快）

（一）活动目标

增强幼儿的力量，提高其持久力、专注力和感知觉的能力。

（二）活动内容

学习踢球的基本动作方法，掌握踢球后快跑的各项练习。

（三）活动要求

1. 热身活动

基本身体动作热身：头部运动、肩部运动、腰部运动、膝关节运动、手腕脚踝关节运动，尤其应注重幼儿下肢关节活动。

2. 安全提示

在快跑追球的过程中，避免踩到球导致摔倒，教师应提醒幼儿不要碰到别人。

（四）活动案例

游戏名称：比比看谁快。

游戏方法：

方法一，足球放置在幼儿双脚前方，幼儿向前踢出足球，听老师口令快速跑追球，先追到球者为胜。

方法二，两名幼儿为一组，面对面间隔2米站立，一名幼儿持球，听老师口令，持球幼儿将球向无球幼儿这边踢出，随后快速追球跑，无球幼儿在进球后即可转身追球，先追到球者为胜。（见图2-10）

（a）踢球　　　　　　　　　　（b）踢球后快跑追球

图2-10　踢球后快速追球

（五）评价建议

（1）幼儿在增加下肢力量的练习过程中，可增加其对足球感知，并利用踢足球和奔跑提高幼儿的力量和持久力。

（2）低水平幼儿能原地踢球。

（3）中等水平的幼儿能左右脚踢球。

（4）高水平的幼儿能够助跑后踢球。

（5）将踢球动作和奔跑作为一个兴趣控制载体，提高幼儿下肢力量和持久力。

（六）育人点

（1）鼓励幼儿积极参与足球游戏，体验足球带来的快乐，展现幼儿活力的一面。

（2）踢球后的奔跑追球对幼儿脚部力量及反应的灵活性是一个很大的锻炼，这提升了幼儿对足球及球距的感知力。

（3）锻炼幼儿形成胜不骄、败不馁的意识和力争第一的拼搏精神。

二、双臂向前抛球比远近（打倒大灰狼）

（一）活动目标

增强幼儿的力量，提高其持久力、专注力和感知觉的能力。

（二）活动内容

学习抛球的基本动作方法，掌握抛球为主要内容的各项练习。

（三）活动要求

1. 热身活动

基本身体动作热身：头部运动、肩部运动、腰部运动、膝关节运动、手腕脚踝关节运动，特别注重幼儿下肢关节活动。

2. 安全提示

在抛球游戏的过程中，要求全部幼儿都抛完球后才能统一捡球，避免砸到其他小朋友。

（四）活动案例

游戏名称：打倒大灰狼。

游戏方法：

方法一，幼儿双手握球在胸前，利用双臂向前抛球，能打倒前方或上方的大灰狼为胜利，双手注意配合摆动，手眼协调，击中目标。

方法二，幼儿前方加高为1米左右的体操垫若干张，幼儿站在离体操垫（城墙）1米或更远位置抛球，以打中城墙后面的目标为胜利。（见图2-11）

（a）双臂向前抛球　　　　　　　（b）双臂向前抛球比远近

图 2－11　双臂向前抛球比远近（打倒大灰狼）

（五）评价建议

（1）幼儿在增强双臂力量的过程中，可增加幼儿对足球的运用，利用足球的相关动作提高其抛球能力和持久力。

（2）低水平的幼儿能双臂向前抛球击中前方约 2 米的目标。

（3）中等水平的幼儿能双臂向前抛球击中前方 3～4 米的目标。

（4）高水平的幼儿能双臂向前抛球击中前方 4～5 米的目标和高约 2 米的目标。

（5）将足球作为一个兴趣控制载体，评价幼儿与足球一起在静止或移动中的平衡能力。

（六）育人点

（1）在双臂抛球的过程中，幼儿上肢力量得到锻炼；在抛接的过程中，幼儿需要调动手眼协同运作，锻炼手、眼的协调性。

（2）为了取得游戏的成功，幼儿自身要对身体的高度以及手抛球的角度进行判断和调整，这个过程中促进了幼儿思维的发展。

（3）活动中由上肢动作带动下肢动作，有利于幼儿全身心地投入足球游戏，调动全身各部位相互配合。

三、双脚连续跳过多个足球（小青蛙顶呱呱）

（一）活动目标

增强幼儿的力量，提高其持久力、专注力和感知觉的能力。

（二）活动内容

学习双脚跳的基本动作方法，掌握连续双脚跳的各项练习。

（三）活动要求

1. 热身活动

基本身体动作热身：头部运动、肩部运动、腰部运动、膝关节运动、手腕脚踝关节运动，尤其注重幼儿下肢关节活动。

2. 安全提示

在双脚跳的过程中，运动能力稍弱的幼儿可先尝试跳过标志碟或者放倒的雪糕筒，应避免踩到足球导致出现运动意外。

（四）活动案例

游戏名称：小青蛙顶呱呱。

游戏方法：

方法一，多个足球间隔1米左右放置在幼儿前方，可利用前脚双脚跳连续跳过足球，最先到达终点领取红旗者为胜，注意双手配合摆动。

方法二，多个足球间隔1.5米左右放置在幼儿前方，可利用前脚双脚跳连续跳过足球，运球到达最后一个幼儿将球踢向球门。（见图2-12）

（a）单人双脚跳连续跳过多个球　　　　（b）多人连续跳过多个球

图2-12　双脚连续跳过多个足球

（五）评价建议

（1）在幼儿提高平衡力和跳跃能力的过程中，可增加其对足球的运用，利用足球的相关动作加强其跳跃能力和身体协调性。

（2）低水平幼儿能双脚跳过单个足球。

（3）中水平幼儿能连续双脚跳过多个足球。

（4）高水平幼儿能连续双脚跳过多个足球，并用脚运球到指定位置。

（5）将足球作为一个兴趣控制载体，幼儿能够倒后搓拉球。

（六）育人点

（1）双脚的蹦跳对幼儿大腿肌肉力量是一个锻炼，可增强其腿的支撑力。

（2）蹦跳时，幼儿需要摆动双臂，下蹲起跳才能站稳，练习该动作让幼儿肢体动作的协调得到充分锻炼。

（3）幼儿在参加游戏过程中需要克服胆怯心理，从跳过一个球，到连续跳过多个球，可增强幼儿自信，锻炼其勇于挑战的勇气。

四、远距离运球绕圈跑（鱼儿游）

（一）活动目标

增强幼儿的力量，提高其持久力、专注力和感知觉的能力。

（二）活动内容

学习运球的基本动作方法，掌握运球和绕圈跑的各项练习。

（三）活动要求

1. 热身活动

基本身体动作热身：头部运动、肩部运动、腰部运动、膝关节运动、手腕脚踝关节运动，尤其注重幼儿下肢关节活动。

2. 安全提示

在远距离运球绕圈跑的过程中，避免总运动距离过长，导致幼儿活动量过大。

（四）活动案例

游戏：鱼儿游。

游戏玩法：

方法一，幼儿扮演快乐的小鱼，在"池塘"快乐地游玩。活动要求：幼儿分组在规定的时间内运球绕圈，注意不能触碰到石头（雪糕筒），分组游戏结束，触碰次数少的一组获胜。

方法二，幼儿在"池塘"中熟练游玩（运球）时，注意避开"鳄鱼"的抓捕。先是教师扮演鳄鱼，幼儿对游戏熟练后可邀请幼儿扮演鳄鱼。

方法三，将幼儿分成两组，一组幼儿扮演小鱼，另一组幼儿扮演鳄鱼，小鱼运球并保护球，鳄鱼抢球，规定时间内抢球最多的组获胜。（见图2-13）

图 2 – 13　运球绕圈跑

（五）评价建议

（1）足球游戏化能让枯燥的运球训练变得有趣好玩，幼儿扮演小鱼学习运球的基本动作方法，掌握运球和绕圈跑的各项练习，增强幼儿下肢力量，提高其持久力、专注力和感知觉的能力。

（2）低水平幼儿能用脚内侧（脚弓）运球，并能绕圈跑。

（3）中水平幼儿能用脚内侧（脚弓）运球，并不会触碰障碍物。

（4）高水平幼儿能左右脚交替用脚内侧（脚弓）运球而不触碰障碍物。

（六）育人点

（1）脚弓运球要求幼儿的眼与脚要相互配合，运球过程中能最大限度地调动幼儿的思考力、观察力及脚勾球的技巧性和灵活性，有利于提升其运球能力。

（2）绕圈跑能极大地促进幼儿对球的感知力，同时锻炼其体力和持久力。

（3）在合作游戏的过程中，幼儿通过互帮互助躲避危险，增强幼儿之间的情感体验，培养其合作意识。

五、3 人组合抢球游戏

（一）活动目标

增强幼儿下肢力量，提高其持久力、专注力和感知觉的能力。

（二）活动内容

学习踢球的基本动作方法，掌握踢球后快跑的各项练习。

（三）活动要求

1. 热身活动

基本身体动作热身：头部运动、肩部运动、腰部运动、膝关节运动、手腕脚踝关节运动。

2. 安全提示

在快跑追球的过程中，幼儿应避免踩到球导致摔倒。

（四）活动案例

方法一，将幼儿分为3人一组的若干组合，每人一球，在指定区域内两小组进行抢球游戏，规定时间内抢球最多并能保护自己的球的小组为胜。

方法二，将幼儿分为3人一组的若干组合，每人一球，在指定区域内3~5人小组进行抢球游戏，规定时间内抢到最多球并能保护自己的球的小组为胜。

方法三，3人足球赛。

（1）将幼儿分成四队（红、黄、蓝、绿队），采用3人足球赛，一次6人，5分钟一组地开展。

（2）介绍比赛规则，如活动过程中不能推、拉、踢其他幼儿等。

（3）比赛开始，幼儿有序地进行比赛，未上场的幼儿在场边做裁判和啦啦队。

（4）比赛结束，教师进行小结并鼓励和表扬比赛胜出的幼儿。（见图2-14）

图2-14　3人合作抢球

（五）评价建议

（1）竞技足球能增强幼儿参与的积极性，鼓励幼儿进一步锻炼运球、射门等动作，掌握踢球后快跑，达到动作的连贯性。

（2）低水平幼儿能较连贯地运球、传球。

（3）高水平幼儿能掌握踢球后快跑，达到动作的连贯性。

（六）育人点

（1）在积极参与足球游戏的过程中，让幼儿充分感受足球赛的气氛，在比赛中，幼儿你争我夺，情绪高涨。

（2）让幼儿了解足球活动的竞技性，不仅锻炼了身体，还养成了守规则的好习惯，更进一步认识到集体的合作意识的重要性。

第四节 幼儿足球基本动作案例

一、脚搓（拨）球

（一）活动目标

发展幼儿的灵敏与协调能力，锻炼其腿部力量，学会用脚搓球，让其喜爱足球活动。

（二）活动内容

学习脚搓球动作。

（三）活动要求

1. 热身要求

徒手操、慢跑。热身偏重于腰腹和下肢的活动，尤其髋、膝盖、脚踝关节的活动要充分。

2. 活动组织要求

活动过程应循序渐进，教师应密切注意幼儿的心理变化，活动环节应具有可操作性、趣味性，并能够关注幼儿个体差异。

（四）活动案例

游戏：雪人大作战。

方法一，滚滚大雪球。幼儿每人一个足球（雪球），教师引导幼儿利用身体各部位进行搓球，如脚底、脚外侧、脚内侧、小腿、膝盖、大腿、肚子、后背等。

方法二，聪明大雪球。幼儿每人一个足球（雪球），教师引导幼儿将雪球变成聪明的雪球宝宝，并利用雪球宝宝在地上写数字。

方法三，雪人大作战。幼儿每人一个足球（雪球），教师引导幼儿将雪球宝宝带出户外玩耍（搓球行进练习），当暴风雨来临的时候，幼儿要利用身体的不同部位保护雪球宝宝。（见图2－15）

（a）脚搓球（前搓）　　　　　　　　（b）脚搓球（后搓）

图 2－15　脚搓球

（五）评价建议

（1）搓球过程中，幼儿身体的不协调会导致搓球动作不正确，练习初期应先多进行原地左右脚脚底前后或左右搓球，可以在热身阶段加入搓球动作练习。

（2）幼儿练习过程中保持身体协调，脚部动作平稳，多次练习后，脚部动作会更灵活，此时，教师可适当提高游戏难度，以增加幼儿练习的趣味性。

（六）育人点

（1）活动过程中，通过规则要求的讲解和练习，能锻炼幼儿规则意识，增强其社会适应能力。

（2）通过反复的练习活动，培养和锻炼幼儿克服困难的意志品质。

（3）通过加入保护雪球宝宝的情境，能锻炼幼儿有爱心、有责任、有当担的良好品质。

二、左右脚拨球

（一）活动目标

发展幼儿的灵敏与协调能力，锻炼其腿部力量，学会用脚拨球，让幼儿喜爱足球活动。

（二）活动内容

学习脚拨球动作。

（三）活动要求

1. 热身要求

徒手操、慢跑。热身偏重于腰腹和下肢的活动，尤其髋、膝盖、脚踝关节的活动要充分。

2. 活动组织要求

活动过程应循序渐进，教师应密切注意幼儿的心理变化，活动环节应具有可操作性、趣味性，并能够关注幼儿个体差异。

（四）活动案例

游戏：企鹅学走路。

方法一，小小的企鹅。教师描述并示范企鹅走路特征，幼儿先进行无球体验企鹅走路，双脚体会左右摆动的动作。

方法二，企鹅学走路（原地脚内侧拨球）。幼儿每人一个足球放置于双脚之间，教师引导幼儿利用企鹅学走路的方法，用脚内侧将球从脚的一侧拨至另一侧，左右脚交换练习。

方法三，企鹅过马路（行进间脚内侧拨球）。幼儿每人一个足球放置于双脚之间，教师引导幼儿利用企鹅学走路的方法，用脚内侧拨球行进，当教师提示红灯时，幼儿需用双脚夹住足球，绿灯后方可继续行进。（见图2－16）

（a）脚拨球（一） 　　　　　（b）脚拨球（二）

图 2－16　左右脚拨球

（五）评价建议

（1）幼儿练习过程中如无法保持身体协调，教师可适当降低练习难度，引导幼儿

先进行无球练习，动作熟练后，可进行有球的轻拨球练习。

（2）如幼儿脚部动作不够灵敏，教师可以利用辅助工具辅助幼儿原地练习左右脚拨球，熟练后再行进间拨球练习。

（3）幼儿在拨球过程中如无法控制左右脚交换拨球时，可以先练习左脚拨球至右脚脚底停球，右脚拨球至左脚脚底停球，动作熟练后可以进行左右脚交换拨球。

（六）育人点

（1）左右脚的交换拨球可提升幼儿双脚的配合度，为之后学习运球、颠球、射门等足球动作夯实基础。

（2）脚底停球能提高幼儿对足球的控制力，增强幼儿的自信心。

三、脚底停球

（一）活动目标

发展幼儿的平衡能力，锻炼其腿部力量，学会脚底停球，让幼儿喜爱足球活动。

（二）活动内容

学习脚底停球动作。

（三）活动要求

1. 热身要求

热身偏重于腰腹和下肢的活动，尤其髋、膝盖、脚踝关节的活动要充分。

2. 活动组织要求

活动过程应循序渐进，教师密切注意幼儿的心理变化，活动环节应具有可操作性、趣味性，并能够关注幼儿个体差异。

（四）活动案例

游戏：老狼老狼几点钟。

方法一，幼儿带球玩，听到老狼报"12点"时，快速抱球单脚立。

方法二，幼儿带球玩，听到老狼报"12点"时，保持平衡，快速脚底停球。

方法三，幼儿带球玩，听到老狼报"12点"时，交换脚停球3次，然后双脚夹住球。（见图2-17）

（a）脚底停球（侧面）　　　（b）脚底停球（正面）

图 2-17　脚底停球

（五）评价建议

（1）幼儿在练习过程中如无法保持身体平衡，教师可适当降低练习难度，先带幼儿进行"方法一"，待幼儿熟练动作后，可增加难度进行"方法二"，让幼儿在游戏中熟悉规则，循序渐进地开展练习。

（2）如幼儿在练习过程中身体协调，平衡较好，教师可适当增加难度，幼儿处于水平较高阶段可加大动作幅度，也可加快动作频率来提高练习的效率。

（六）育人点

（1）通过平衡动作的练习，可提高幼儿身体平衡能力。

（2）通过大灰狼角色的加入，锻炼幼儿勇敢坚强的意志品质，增强社会适应能力。

（3）通过反复的练习活动，培养和锻炼幼儿克服困难的意志品质。

四、前脚掌停球

（一）活动目标

发展幼儿的平衡能力，锻炼其腿部力量，学会前脚掌停球，让幼儿喜爱足球活动。

（二）活动内容

学习前脚掌停球动作。

（三）活动要求

1. 热身要求

热身偏重于腰腹和下肢的活动，尤其髋、膝盖、脚踝关节的活动要充分。

2. 活动组织要求

活动过程应循序渐进，教师密切注意幼儿的心理变化，活动环节应具有可操作性、趣味性，并能够关注幼儿个体差异。

（四）活动案例

游戏玩法：红绿灯。

方法一，幼儿自由玩球，听到哨声，倒数五个数后迅速用前脚掌停住球。

方法二，幼儿自由玩球，看到"红"或"绿"灯，快速做出"停"或"运"反应。

方法三，幼儿自由玩球，看到"红""绿"灯交替时，快速和其他幼儿交换做出前脚掌停球动作。（见图2-18）

（a）前脚掌停球（侧面）　　　　（b）前脚掌停球（正面）

图2-18　前脚掌停球

（五）评价建议

（1）幼儿在练习过程中，如无法保持身体平衡，教师可降低练习难度，先带幼儿进行"方法一"，待幼儿熟练动作后，可增加难度进行"方法二"，让幼儿在游戏中熟悉规则，循序渐进地开展练习。

（2）如幼儿在练习过程中身体协调，平衡较好，教师可适当增加难度，幼儿处于水平较高阶段可加大动作幅度，也可加快动作频率来提高练习的效率。

（六）育人点

（1）练习脚掌停球动作，可提高幼儿对球的控制力，增加其足球感知力。

（2）在游戏中，幼儿需要根据指令迅速做出"停"和"运"的反应，这对幼儿思维的灵活性也有一定的促进作用。

（3）通过开展红绿灯游戏，幼儿在游戏活动中习得交通规则，养成良好的行为习惯。

五、脚背踢吊球（大摆钟）

（一）活动目标

发展幼儿的踢球能力，提高其脚部的灵敏与协调，锻炼其对足球感知觉能力。

（二）活动内容

学习脚背踢吊球的基本动作方法，掌握踢球为主要内容的练习。

（三）活动要求

1. 热身要求

基本身体动作热身：头部运动、肩部运动、腰部运动、膝关节运动、手腕脚踝关节运动。热身偏重于腰腹和下肢的活动，尤其髋、膝盖、脚踝关节的活动要充分。

2. 活动组织要求

活动遵循循序渐进的练习方法，先进行无球的专项练习，提高幼儿脚步动作灵活性，避免幼儿踝关节受伤。教师密切注意幼儿情绪变化，并能够关注幼儿个体差异，根据其实际情况随时调整练习难易度。

（四）活动案例

游戏名称：大摆钟。

游戏玩法：

方法一，每人一球，并用球袋装着，幼儿利用脚背位置踢球中下方，先熟悉动作原地踢，熟练动作后边走边踢，最后还可以对着指定目标踢，幼儿也可以学习两边脚部交替踢球。

方法二，足球装在球袋里挂在单杠上，球离地面20厘米左右，幼儿从指定位置出发，到达球前方时用脚背踢足球中下方，使球能够向前方摆动，待幼儿动作熟练后可练习两边脚部交替踢球。

方法三，装在球袋里的足球拉绳绑在高2米左右的单杠或者其他合适位置上，将

幼儿分成两组面对面站立，两人配合让足球大摆钟摆动起来，成功摆动10次以上为胜，待幼儿熟练动作后可练习两边脚部交替踢球。（见图2－19）

（a）脚背踢吊球（摆动）　　　　　　（b）脚背踢吊球（交替脚）

图2－19　脚背踢吊球

（五）评价建议

（1）幼儿处于低水平阶段先进行无球练习，后过渡到固定有球练习，熟练动作后再进行踢吊球练习。

（2）如幼儿在练习过程中身体协调，脚背踢球灵敏，教师可适当增加难度，幼儿处于水平较高阶段可加踢移动的吊球，也可加快吊球摆动的速度以提高幼儿灵敏与协调能力。

（六）育人点

（1）通过练习踢吊球动作，可增强幼儿身体的灵敏度与协调性。

（2）活动过程中给予幼儿从不熟练到熟练，由失败到成功的情绪体验，让其充分体会经过努力收获成功的喜悦。

（3）通过分组合作完成任务，锻炼幼儿的合作能力，增强社会适应能力。

六、脚内侧踢球（足球高尔夫）

（一）活动目标

发展幼儿的踢球能力，提高其脚部力量与持久力，锻炼其对足球感知觉能力。

（二）活动内容

学习脚内侧踢球的基本动作方法，掌握踢球为主要内容的练习。

（三）活动要求

1. 热身要求

基本身体动作热身：头部运动、肩部运动、腰部运动、膝关节运动、手腕脚踝关节运动。热身偏重于腰腹和下肢的活动，尤其髋、膝盖、脚踝关节的活动要充分。

2. 活动组织要求

活动遵循循序渐进的练习方法，先进行无球的专项练习，提高幼儿脚步动作灵活性，避免其踝关节受伤。教师密切注意幼儿情绪变化，并能够关注幼儿个体差异，根据实际情况随时调整练习难易度。

（四）活动案例

游戏名称：足球高尔夫。

游戏玩法：

方法一，足球放置于球场规定的点或线上，幼儿原地正面对着足球，利用脚内侧踢球。足球高尔夫踢球方法为一脚在球的一边不动，另一脚摆动将足球向正前方踢出，左右脚交换进行练习。

方法二，幼儿持球面对墙壁或者挡板站立，利用脚内侧向墙壁或挡板原地踢球，足球反弹回来后利用学过的停球方法将球停住。幼儿熟练动作后可以一脚踢球出去，另一脚停球。

方法三，在幼儿练习了原地踢球一段时间后，可以尝试助跑后用脚内侧踢球，或原地脚内侧踢滚动的球等练习。（见图2-20）

（a）脚内侧踢球（摆动）　　　　（b）脚内侧踢球（原地）

图2-20　脚内侧踢球

（五）评价建议

（1）幼儿在练习过程中，容易因为动作不协调导致踢球时脚内侧的运用不到位，建议先进行原地的无球到有球的练习，再进行助跑的踢球。

(2) 幼儿在踢球时，教师应及时注意提醒幼儿降低重心，让其身体更加协调，脚部动作更加灵活。

（六）育人点

(1) 活动过程中，幼儿按照教师的要求完成任务，养成幼儿良好的组织纪律性。
(2) 通过反复的练习，锻炼幼儿耐心、恒心，培养其坚持不懈的意志力。

七、脚背外侧直线运球行进（赶鸭子回家）

（一）活动目标

发展幼儿的运球能力，提高其专注力，培养其对足球感知觉能力。

（二）活动内容

学习脚背外侧运球的基本动作方法，掌握运球为主要内容的练习。

（三）活动要求

1. 热身要求

基本身体动作热身：头部运动、肩部运动、腰部运动、膝关节运动、手腕脚踝关节运动。热身偏重于腰腹和下肢的活动，尤其髋、膝盖、脚踝关节的活动要充分。

2. 活动组织要求

幼儿脚背运球时要注意减低重心，避免运球时身体太过僵硬导致摔倒。活动过程应循序渐进，并能够关注幼儿个体差异。

（四）活动案例

游戏名称：赶鸭子回家。
游戏玩法：
方法一，赶鸭子。把幼儿分成两组，相对而站。哨声响起，第一个幼儿开始用脚背外侧直线运"鸭子"（足球）到对面，交给对面的幼儿。然后由接到球的幼儿开始往起点运球，如此相互配合直线运球。
方法二，赶鸭子回家。将幼儿分为四组，每组设置一定距离，对面放置球筐，幼儿听哨声出发，利用脚背外侧直线运球方法将脚下"鸭子"（足球）运到对面球筐。
方法三，谁赶的鸭子最多。将幼儿分为四组，每组间隔一定距离，对面放置球筐，幼儿听哨声出发，利用脚背外侧直线运球方法将脚下"鸭子"（足球）运到对面球筐，到达后快速返回起点，继续运送"鸭子"，规定时间内运送"鸭子"最多一组为胜。
（见图2-21）

(a) 脚背外侧直线运球（一）   (b) 脚背外侧直线运球（二）

图 2-21 脚背外侧直线运球行进

（五）评价建议

（1）幼儿处于低水平阶段可以在规定直线上运球，动作熟练后可不用地下标志线，前方放置标志碟目的是提示幼儿直线运球。

（2）如幼儿练习过程中身体协调，脚下运球灵敏，教师可适当增加难度，幼儿处于水平较高阶段可加长运球距离，也可加快运球速度以提高幼儿灵敏与协调能力。

（六）育人点

（1）脚背外侧直线运球需要幼儿脚与球相互配合，要求幼儿对球具有一定的控制力，此外该练习对幼儿眼、脚的协调力也是一种锻炼。

（2）运球速度的快慢也决定了能否取得游戏的最终胜利，该练习可让幼儿熟练掌握运球技能。

（3）同伴之间的默契配合也是游戏取胜的关键，能锻炼幼儿的合作能力。

八、脚背运球绕标志杆行进（灵活的小猴子）

（一）活动目标

发展幼儿的运球能力，提高幼儿的专注力和脚部灵活，培养幼儿对足球感知觉能力。

（二）活动内容

学习脚背变向运球的基本动作方法，掌握运球为主要内容的练习。

（三）活动要求

1. 热身要求

基本身体动作热身：头部运动、肩部运动、腰部运动、膝关节运动、手腕脚踝关节运动。热身偏重于腰腹和下肢的活动，尤其髋、膝盖、脚踝关节的活动要充分。

2. 活动组织要求

幼儿脚背运球时要注意降低重心，避免运球时身体太过僵硬导致摔倒，活动过程应循序渐进，并能够关注幼儿个体差异。

（四）活动案例

游戏名称：灵活的小猴子。

游戏玩法：

方法一，将幼儿分组进行游戏，小猴子灵活通过障碍，每组分别设置10个标志杆，幼儿绕过每个标志杆通过后直线跑回到起点与下一名出发的幼儿击掌。

方法二，小猴子抢收西瓜，幼儿双手抱球绕标志杆，到达终点后直线运球至起点。

方法三，幼儿脚背运球绕过标志杆，运球时注意降低重心，灵活地控制运球的方向，熟练动作后，幼儿可以进行左右脚脚背交替运球绕障碍。（见图2-22）

（a）脚背运球绕标志杆　　　　　　　（b）脚背运球绕标志杆并行进

图2-22　脚背运球绕标志杆行进

（五）评价建议

（1）幼儿处于低水平阶段应先进行无球绕标志杆练习，待幼儿熟练动作后再进行有球练习。

（2）如幼儿练习过程中身体协调，脚背运球灵敏，教师可适当增加难度，幼儿处于水平较高阶段可缩短两个标志杆之间的距离，也可加快运球变向的速度以提高幼儿灵敏与协调能力。

（六）育人点

（1）通过不断变换游戏难度，幼儿在专心练习的过程中培养专注力。

（2）在游戏活动过程中，幼儿可体会到规则约束，能够养成其良好的规则意识。

第三章　幼儿足球活动开展

第一节　幼儿个体足球活动的组织

幼儿个体足球活动以幼儿个体活动为主要组织形式，这种组织形式的特点为在活动中更注重幼儿与球这单一客体的互动。教师创设活动条件，制定活动规则，在活动中给予幼儿及时地指导和启发。在个体足球活动中，幼儿能够更充分地去感知、体验足球，有利于足球基本动作内容的发展。

幼儿个体足球活动的开展，应紧密围绕《幼儿园体育活动大纲》中提出的结合足球发展幼儿基本动作内容（脚搓/拨球、停球、踢球、运球）、与足球相结合发展幼儿运动能力类的动作内容（平衡类、灵敏与协调类、力量与耐力类）的建议，结合幼儿年龄特点，将发展目标分解融入多种形式的活动中，系统地、循序渐进地进行，如"我给动物送西瓜""勇敢小袋鼠""走迷宫"等趣味活动，都能取得良好效果。

随着中大班幼儿心理素质的逐渐完善和发展，可适当加入比赛的环节，以增加活动的趣味性，并有助于培养幼儿的社会适应能力。关于幼儿个体足球的比赛有以下建议：一是发展幼儿平衡能力类的个人比赛，10米快速跑接左右脚交替踩球10次，两次比赛机会，计两次用时最短一次为成绩；二是发展幼儿灵敏与协调能力的个人比赛，左右脚交替运球绕障碍10米接射门，两次比赛机会，计两次用时最短一次为成绩；三是发展幼儿力量与耐力类的个人比赛，双脚夹球连续跳过绳梯（10节），两次比赛机会，计两次用时最短一次为成绩。

第二节　幼儿集体足球活动的组织

与个体足球活动对比，幼儿集体足球活动除了创设条件让幼儿与球互动外，也注重幼儿间的互动。集体足球活动能让幼儿更加全面地参与足球活动，有助于幼儿对足球进一步的感知和认识，能够帮助幼儿发展合作意识、规则意识，提高协同合作能力和社会适应能力。

集体足球可以是两人或多人的活动，通过集体类活动可帮助幼儿树立集体规划和集体意识，促进幼儿社会性发展。

足球操是一种常见的幼儿集体足球活动组织形式，配合动感的音乐，结合简单有趣的足球动作，让幼儿在充满律动的操节中激发对足球的兴趣。足球操既有上肢动作，如抛、接，也有下肢动作，如踢、跳，幼儿可用多个身体部位对球形成感知，并练习基本动作，有助于促进身体协调能力的发展。足球操能够减少单一的足球教学活动所带来的枯燥感，是一项能够有效调动幼儿参与活动积极性的集体活动。

小型足球赛也是幼儿集体足球活动的一种。根据幼儿发展水平及年龄特点，可设置3人制幼儿足球比赛或5人制幼儿足球比赛。笔者建议，3人制幼儿足球比赛不设置守门员，幼儿采用全攻全守比赛方法，比赛分上下半场，每半场时间为5分钟，中场休息2分钟；5人制幼儿足球比赛设置守门员1名，比赛分上下半场，每半场时间为10分钟，中场休息3分钟。但在开展小型足球赛时，应注意以促进幼儿发展、培养其基本兴趣为目标，而不能本末倒置，将幼儿足球活动理解为成人式的足球竞赛。

幼儿个体足球活动和幼儿集体足球活动这两种组织形式具有不同的功能和意义，在教育实践中应当结合运用，互相配合。

第三节　亲子足球活动的组织

《幼儿园教育指导纲要》指出："家庭是幼儿园重要的合作伙伴，应本着尊重、平等、合作的原则，争取家长的理解、支持和主动参与。"发展幼儿足球，仅靠幼儿园或教师的力量是不够的，家庭也是影响幼儿足球发展的一个重要因素。

随着人们越来越注重自身锻炼和生活品质，对幼儿的关注点逐渐从过去仅注重幼儿认知发展上的培养，转变为更加注重幼儿的身心协调发展。家庭教育是幼儿接受教育的第一站，父母是幼儿的第一任教师，家长的鼓励、引导和示范可以在很大程度上调动幼儿参与足球活动的积极性。

开展亲子足球，要注意引导家长对幼儿足球形成正确的认识，并调动家长一起参与到足球活动中。家长对幼儿足球活动所持的态度，将直接影响幼儿参加足球活动的积极性。有些家长可能对幼儿足球存在偏见，如担心足球活动就是训练，幼儿容易因训练而受伤；或是认为足球是男孩子的运动，女孩子不应该参加等。因此幼儿园应积极与家长沟通，宣传幼儿足球的积极意义，并邀请家长与幼儿一起体验足球活动的乐趣。帮助家长认识亲子足球活动既是开启幼儿足球兴趣的钥匙，也是搭建亲子沟通的桥梁。

亲子足球可以有多种形式，强调趣味性和亲子互动性。如"击倒保龄球"亲子合作运球、"送食物的小宝贝"射门游戏、"翻山越岭"亲子传球等，亲子共度绿茵场上快乐时光，通过家长的陪伴、参与和示范，进一步调动幼儿参加足球活动的积极性。

第四节　大型足球活动的组织

除上述个体足球活动、集体足球活动等一般性足球活动之外，幼儿园可在此基础上开展大型足球活动，以更好地打造园所足球活动特色，扩大幼儿足球的社会影响力。

一、幼儿园开展大型足球活动的建议

幼儿园开展大型足球活动，应着重考虑综合性。大型足球活动是以上述一般性足球活动为基础的，能够帮助幼儿对参与日常的一般性足球活动中所习得的经验进行统合和升华。与一般性足球活动相比，大型足球活动不单是活动形式上的改变，更是关注一般性足球活动中幼儿已有经验，将多种单个的发展目标组合成有意义的联结，以增加幼儿园足球活动体系的意义性和应用性，幼儿在形式丰富的综合性活动中，能够更有效地整合相关足球活动经验，从而无论是对足球的情感态度或是足球基本技能，都能获得进一步的发展。

幼儿园开展大型足球活动，应以《指南》中对幼儿发展提出的目标要求为指引，具体可参考《幼儿园体育活动大纲》所建立的体育活动体系。教师可充分探索足球的多种玩法，发挥幼儿的想象力，引导幼儿一起开发足球的多种玩法。换言之，大型足球活动中，各项活动的设置不仅仅只围绕幼儿足球方面动作技能的发展，可进一步拓展，将足球作为载体或是游戏材料，融入平衡、协调与灵敏、力量和持久力等多方面动作技能目标，使得幼儿园大型足球活动更富变化、更具有魅力，发掘幼儿运动潜能，促进幼儿全面健康发展。

幼儿园开展大型足球活动，应面向全体幼儿，让每一位幼儿都能体验到参与足球活动的快乐。面向全体幼儿，首先要充分考虑幼儿的个体发展差异，因而在设置活动时应尊重幼儿的不同兴趣和发展基础，从活动难度和综合度等方面进行区分。其次，在活动设计上要以给予幼儿及家长带来快乐体验为主，在此基础上激发幼儿对足球的兴趣，促进幼儿对参与一般性足球活动中获得的经验的升华。此外，在活动开展之前要注意调动幼儿参与活动的积极性，并注意鼓励家长参与，可从设计班级口号、班级球服等入手，营造良好的活动氛围。

亲子足球是幼儿园开展大型足球活动的一个重要组成部分。家长的参与，能够为幼儿带来更深的情感体验，而健康的情感体验则是兴趣发展的重要催化剂。《幼儿园教育指导纲要》中指出："幼儿与成人之间的共同生活、交往、探索、游戏等，是其学习的重要途径之一。"亲子活动的核心是幼儿与家长的互动，在增进亲子沟通的同时，家长亲身去感受、体验、实践，用行动为幼儿带来良好示范作用，让幼儿觉得足球活动是有趣的、好玩的。

二、幼儿园大型足球活动的组织

幼儿园的大型足球活动可以从两个层次进行组织，一是级组大型足球活动，二是全园性大型足球活动。级组大型足球活动的优点在于幼儿的运动水平发展相对较为一致，因而在活动设置上可根据幼儿年龄特点、发展目标以及本级组幼儿足球教育开展情况，更有针对性地开展活动；级组大型足球活动组织规模较小，开展方式可更为灵活。全园性大型足球活动因活动规模较大，在活动设置上能够体现综合性；同时由于是全园性活动，更能充分调动和利用各方面的资源，提升活动效果；另外，全园性大型足球活动可适当设置混龄板块，为幼儿创设更多观察和模仿学习的机会，在混龄互动中促进幼儿社会性发展。

活动主题设计上可多样化，如结合世界足球日的"你好，足球"、宣扬足球文化"我的足球梦"等。幼儿园大型足球活动的开展不拘泥于形式，在具体活动形式上，各幼儿园可根据园所本身的场地、人力、幼儿发展水平等各方面条件因地制宜地设计和开展，如"幼儿足球亲子嘉年华""大班级班足球积分活动""足类游戏游园"等。本书附录1、附录2、附录3均为幼儿园大型足球活动方案，供广大读者参考。

第五节　足球活动的场地选择

幼儿足球活动尚未能得到全面推广，这与一些幼儿园对于幼儿足球活动开展的场地要求存在误解有关。部分幼儿园受场地所限，对足球活动一直持观望态度，认为足球活动的开展必须是园所已配套具有较大规模的足球场，否则就无从开展。

开展幼儿足球活动，场地确实是必不可少的条件，但是场地的选择上有较大的灵活空间。南美地区足球水平可谓世界前列，青少年足球也发展良好，事实上南美多数地区是没有专业足球场地的，但是无论是狭窄的街头还是乡间的沙路，都有青少年儿童饶有兴致踢球的欢乐身影。

有条件的园所可划出固定区域，设置专门的足球场，或是设置"3人制""5人制"等多样化的小型足球场地，配备球门、草地等相关设施。没有条件划分专门足球场的幼儿园，也可以本着"把球先踢起来"的原则，因地制宜，充分利用园所条件，只要活动空间足够，即使是小草地、沙地等看似与足球不相关的场地，也可以作为足球活动区域。除了园内，幼儿园也可积极寻找相关场地资源，将足球活动拓展到社区或周边合适的区域。

图 3-1 南美地区街头简易足球场

第四章　幼儿足球校园文化建设

《幼儿园工作规程》中指出："幼儿园的教育任务是贯彻国家的教育方针，按照保育与教育相结合的原则，遵循幼儿身心发展特点和规律，实施德、智、体、美、劳等方面全面发展的教育，促进幼儿身心和谐发展。"足球活动作为幼儿园主要的体育活动形式，对幼儿的身心发展具有十分重要的影响。幼儿足球文化作为幼儿园校园文化的重要组成部分，是全面实施素质教育的有效载体，是实现全面育人教育目标不可缺少的重要环节，突出体现了幼儿园的教育理念及课程内涵。因此，幼儿足球校园文化的建设是一个必不可少且十分重要的课题，对促进幼儿身心和谐发展，构建完善校园文化体系具有关键作用。笔者从幼儿园整体大环境出发，基于幼儿园阶段独特教育特点，从硬文化与软文化两个方面来阐释如何进行幼儿足球校园文化的建设，以发挥幼儿足球的独特魅力与教育价值，在潜移默化中实现对孩子的足球文化渗透及身心全面教育。

第一节　足球硬文化建设

一、足球硬件设施的配备

（一）足球场

校园足球活动的开展是彰显校园足球文化的途径之一，幼儿足球活动的硬件配备则是保证足球活动顺利开展的基本条件。由于每个园所的地形地貌及场地都具有各自的特点，因此，幼儿园依据园所的实际情况因地制宜设计足球场地是较为科学合理的方法。传统观念上一般会认为足球是一项对场地大小要求十分严格的运动，对一些占地面积有限的幼儿园来说，引进和开展足球是一项难以实现的事情。其实不然，足球的开展绝不会受制于场地条件，足球开展的内核是以幼儿身体素质为切入点，培养幼儿的足球兴趣，促进幼儿身体的健康生长。因此，教师可根据所在园所的实际情况，充分利用园所资源，选择或划定合适的区域作为"足球场"，如有条件的幼儿园可设置专门的足球场地；面积较小的小区配套园可利用小区资源在小区内选择适合孩子开展足球的场地；农村幼儿园可利用田间、草坪、沙地等条件设计自己的足球场地。教

师根据幼儿的年龄特点，设置有趣好玩的足球游戏，激发幼儿喜欢足球、愿意参与足球活动的兴趣，鼓励幼儿大胆探索和积极尝试，为幼儿提供丰富的运动体验。

（二）足球相关练习器材

配置3号足球、自制纸球（以小班幼儿使用为主）、海洋球、按摩球等各类柔软球类；有条件的幼儿园还可以配备便于开展足球活动的辅助器材，如标志碟、标志杆、绳梯、小足球门等，以便满足教师的日常足球游戏活动的使用。没有条件配置的幼儿园可以充分利用幼儿园的现有器材代替，如小凳子可以代替标志碟和标志杆、手编的绳子可以代替绳梯、利用废弃水管可以自制足球门等。

二、足球材料的投放与管理

（一）足球材料的投放

幼儿足球材料的投放要根据不同年龄阶段幼儿的发展需要而进行，避免投放过多造成的材料浪费或因投放不足造成的足球活动难以充分开展。针对幼儿的年龄特点，根据不同的足球活动类型进行材料的恰当投放。如对于小班幼儿，在开展足球活动时，主要是让幼儿初步感知足球形状特征，尝试简单的足球动作，锻炼幼儿的身体灵活性和脚部力量。由于小班幼儿年龄较小，对其动作要求较低，在投放足球材料时可选择小号足球，足球的设计选用卡通动物图案会更吸引幼儿的注意力；对于中大班幼儿来说，其肢体动作较小班幼儿已有很大的发展，足球材料的投放也要更加丰富，才能满足中大班幼儿的需要。对比小班较低要求的运动动作，对中大班幼儿的运动要求会更高，如不仅要会踢，也要会勾、运、传球等动作，对幼儿身体的调动也是要求全方位的。因此，足球场地的安排对中大班幼儿来说是必需的，此外也要尽可能地设置完整的足球场，球门、界限等都要设置完备，才能让幼儿更深入地了解和感受足球，体会足球文化。

（二）足球材料的管理

足球材料的管理也是幼儿园及教师需要关注的问题，足球以及相关器材需要有相对固定的存放位置和空间，便于日常足球活动的开展，注意放置足球以及相关器材的位置不宜高过幼儿平均身高，以便于幼儿自主进行活动时取到器材。并且要对足球以及相关器材进行定期清点和检查，对泄气的足球进行补气，并清理损坏、破损的足球，及时添置新的足球，以满足日常的足球活动的需要。

第二节　足球软文化建设

一、校园足球环境的创设

（一）日常足球环境的布置

1. 户外大环境中体现足球文化

环境作为幼儿的第三位老师，对幼儿的发展起到了巨大的影响作用。为幼儿创造浓厚的足球氛围和踢球环境可以有效达到感染幼儿主动参与足球活动的目的。在幼儿园整体环境创设中可注重足球文化气息的体现，户外大环境的设计中可凸显足球文化的特点，如活动室的门口设计为足球门的形状，设置足球知识、足球名人展、足球卡通等足球特色走廊，球门可以设计成动物张大嘴巴的形式，幼儿在足球射门时好像喂小动物吃食物一样，既生动又具有趣味性、知识性，以此充分发挥环境的文化宣传与渗透功能，增强幼儿对足球的认知，达到内化足球知识的目的。

2. 室内环境中渗透足球元素

除了户外大环境外，在幼儿日常生活中的室内环境也无时无刻不与幼儿进行着互动。室内的主题墙设计、室内区域环境的布置中均可渗透一些足球元素，如在色彩上可适当选用一些黑白相间的颜色，可采用足球挂件进行课室装饰或在幼儿区域活动时引导其画出踢足球的场景，等等，让足球文化浸润幼儿的日常生活。

（二）节日节庆活动的足球环境设置

节日节庆中足球活动的开展（如运动会、幼儿园校庆等），一般以足球赛、足球律动操等形式展现，在足球环境的创设上可设置相关活动宣传照片，营造运动氛围，激发幼儿参与热情及观看的兴趣，也可增添记分牌、花球等物品，邀请幼儿做计分员或解说员，鼓励幼儿融入足球活动，为伙伴加油。

二、游戏，让足球文化深入孩子内心深处

游戏是幼儿最喜欢的活动，在幼儿成长过程中起着特殊的教育作用。游戏也是幼儿在园的基本活动，贯穿幼儿园的日常生活。可以说，幼儿在园的每一天都与游戏亲密接触。幼儿喜欢游戏，热爱游戏，游戏对于幼儿来说具有巨大的吸引力，因此将足球活动内容融入幼儿游戏，以游戏的方式开展足球运动将是最适宜、也是最符合幼儿真正的心理需要的。在游戏中，幼儿的主要动机是"我要玩""我要学"而不是"要

我玩""要我学"。因此，幼儿身心总是处于积极、主动的状态，而不是厌烦、消极呆滞的被动状态。这种主动性会激发幼儿想要学习的内在心理需求，让幼儿积极主动地了解足球、接触足球，愿意参与足球活动，这是幼儿接纳足球文化的第一步。游戏让幼儿积极参与足球活动中来。通过开展适合幼儿年龄特点的、丰富多彩、生动有趣的足球游戏，吸引幼儿主动参与，培养其参加足球活动的兴趣与习惯，在游戏中不断纠正不正确的动作，使动作逐步趋向合理化和规范化，并为其今后发展奠定良好基础。

就幼儿足球活动来讲，其本身蕴含着丰厚的运动文化，是幼儿园校园文化的重要组成部分和具体体现。足球作为一种历史悠久的竞技运动项目，具备一定的知识性和技巧性，那么通过何种形式才能更好地让幼儿了解和掌握最基本的足球知识与技能，进而从接触足球到愿意参与足球活动再到喜欢足球文化，是幼儿体育教育工作者要思考和解决的重要问题。由于幼儿特殊的年龄特点，要求教师在进行足球教育时不能像面对成人那样来理论说教，好玩有趣的游戏活动是幼儿易于接受的形式。教师在进行知识传授时，也要充分考虑幼儿的已有水平，将教育目标分解定于具体的游戏之中，小步递进，逐渐帮助幼儿掌握和吸收足球知识，掌握既定的运动技巧，体会足球文化。在开展游戏时，教师也要注重游戏过程中的指导。指导幼儿游戏，关键在于将其积极性、主动性、创造性与教师的正确引导相结合，使游戏生动活泼，向着正确的教育方向发展，既不放任自流，又不包办代替。在具体指导游戏时，教师要注意采用恰当的指导策略，注意发挥教师的主导作用以促进幼儿主体作用的发挥，通过游戏达到最佳的教育效果。

游戏对于幼儿足球文化的建设来说无疑是具有重要而独特的价值，将足球活动与幼儿游戏相整合，开发出一系列适合幼儿身心发展特点和兴趣需要的幼儿足球游戏，需要幼儿园和教师开展长期与深入的研究，进行有创造性的实践探索。教师在实际的足球教育教学中要注意搜集和整合丰富的游戏素材，探索游戏与足球融合的最佳方式，尽可能发挥游戏在幼儿足球教育中最大的教育价值，让足球文化深入幼儿的内心。

三、幼儿足球赛极致地展现足球文化的教育价值

足球，作为一种竞技体育项目，以竞赛的形式开展才能充分体现其特有的运动魅力。想要顺利地展开足球比赛，甚至摘得桂冠，幼儿必须熟练掌握足球赛的赛制和比赛规则，这对于3~6岁的幼儿来说，有益于其规则意识的形成。此外，在两队对决时，比赛的氛围对幼儿的体能素质、智能素质、心理素质和团队协作精神都是极大的锻炼和挑战，幼儿通过参与足球比赛，不仅增加了对足球的已有认知，促进了身体的发展及运动技能的提高，而且还影响了幼儿的良好个性、情绪及心理品质的养成与发展。因此，在幼儿园活动中应充分发挥足球作为竞技体育项目的教育功能和价值，让足球中蕴含的优秀体育文化促进幼儿身心更加全面和谐发展。

1. 幼儿足球赛有益于幼儿体能和智能的发展

幼儿的学习始于动作，幼儿在参与活动中获得宝贵的直接经验，丰富已有知识。

在足球赛中，幼儿需要调动身体各个器官运球、传球、踢球等，不仅能够熟练掌握足球的基本动作，而且运动能力也得到进一步锻炼和强化，有利于增强体能，促进其身体的健康成长。同时，幼儿在踢球时需要具备敏锐的观察力和判断力，身体要具备较强的协调性、灵活性、平衡能力和行动的安全意识，在保证自身安全的基础上做到与队友协同合作，这在很大程度上促进了幼儿智能的发展。

2. 幼儿足球赛促进幼儿社会交往，培养社会适应能力

以比赛的形式来开展足球活动，能最大限度地促进幼儿的社会交往与社会适应能力。足球比赛作为一种集体活动，有利于幼儿集体观念的形成，让幼儿学会与他人友好合作，建立良好的人际关系，促进幼儿社会性的发展，提高其对自然环境和社会环境的适应能力。在足球赛中，幼儿与同伴彼此尊重、默契配合，遵守规则和纪律，养成服从集体的团队意识；在与对手同台竞技中，幼儿的竞争意识也得以养成和发展，这都对幼儿未来的发展具有重要的积淀作用。

3. 幼儿足球赛有益于幼儿良好个性和品质的养成

幼儿足球赛在培养幼儿兴趣，提高幼儿各种能力的同时，也有利于幼儿良好个性和品质的养成。如在参与足球比赛时，无论场上形势如何，幼儿都需要勇敢地面对对手，果断、自信、冷静地应对，这对幼儿良好心理素质的养成具有一定的作用。此外，足球赛的开展有利于幼儿理性对待输赢，建立正确的输赢观——胜不骄、败不馁。足球比赛虽然是一种竞争活动，但同样是一项团体活动，幼儿在参与足球比赛时，可以通过观察模仿学习到同伴或对手身上的优良品质，做到取他人之长补己之短。

四、足球教科研推动幼儿足球文化发展的必备动力

对于一些有条件的幼儿园可配备专职足球教师开展足球教学活动，条件不足的幼儿园可以选择与社会幼儿足球培训机构合作开展教学活动。但无论采用何种形式，幼儿足球要想长足发展，成为一种有影响的校园文化，教师基本的足球专业素养的具备是十分必要的。教师作为开发幼儿足球教学的主体，他们的理论基础、业务水平和实践能力将直接影响到幼儿园足球活动的开发与开展。因此，"以研促教"是推动幼儿足球文化发展的必备动力。在开展教师足球教科研活动中，教师可以根据实际教学情境中出现的问题进行研究，探讨解决问题的方式，不断地提高教育研究与反思能力，解决足球教学中的实际问题，提升幼儿足球活动质量，推动幼儿足球文化的发展与丰富。

五、家园合作让幼儿足球文化展现更大的魅力

为扩大幼儿足球文化的辐射性影响，更好地打造幼儿园校园文化特色，除了开展幼儿一般性的足球活动外，幼儿足球家园配合也是传播和弘扬幼儿足球文化，展现幼

儿足球文化巨大魅力的重要途径。幼儿园可定期开展一些大型足球特色活动，如"幼儿足球亲子嘉年华""大班级班际足球积分赛""球类游戏游园"等，鼓励家长、幼儿齐参与，让家长切身体验足球的魅力，改变以往足球只是训练、容易受伤的旧观念，使得幼儿足球文化的推广更加有力度，让幼儿足球文化走出幼儿园，成为幼儿园宣传的特色文化。

附　录

亲子运动会：中大班足球比赛规程

1. 比赛形式

比赛将以初赛和决赛的形式进行。

（1）中班初赛进行两轮角逐，第一轮以淘汰制形式进行；第二轮以单循环积分赛的形式进行，胜者得 2 分，负者得 1 分；负者接着进行下一场单循环赛，胜出方进入决赛。

（2）大班则挑选出一支种子队直接进入第二轮比赛，非种子队则进行两轮比赛，第一轮以淘汰制的形式进行；第二轮则以单循环积分赛的形式进行，胜者得 2 分，负者得 1 分；负者接着进行下一场单循环赛，胜出方将进入决赛。

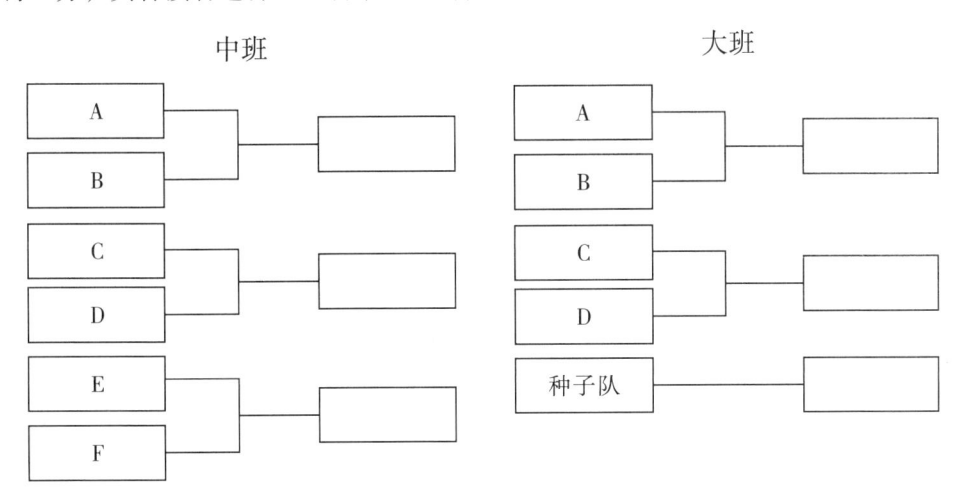

附图 1　第一轮

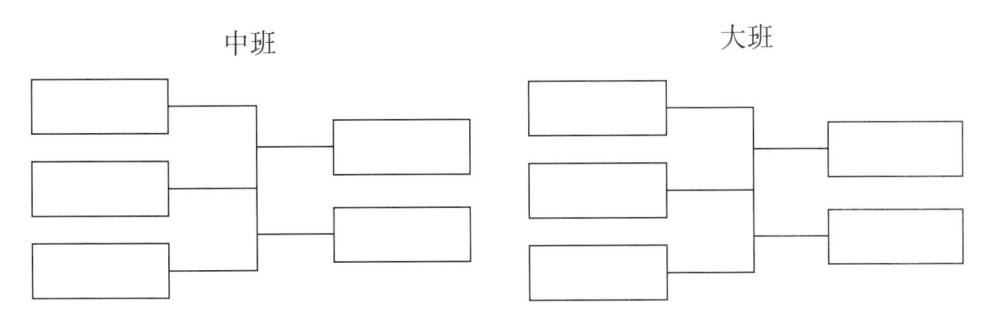

附图 2　第二轮

2. 比赛时间

初赛将持续约 1 个月，之后开展决赛。

足球比赛规则及注意事项

一、足球（5 对 5）比赛规则

（1）各班派出 5 名球员（至少 2 名女生）于园内足球场参加比赛，不设守门员，各队伍有两次换人机会，人数不限但必须确保每队至少有 2 名女生参加，并且在进球后的情况下由裁判暂停比赛换人，被换下的球员不能再上场比赛。

（2）足球比赛用球为 3 号足球。

（3）比赛时间为 10 分钟，分上、下半场，换人时间为 1 分钟（不计入比赛时间）。

（4）比赛过程中球员不能推、拉、拽、抱、踢以及撞击其他队员，如有发现裁判提醒一次，如再发现则立即更换球员。

（5）比赛过程中，球员不能用手触碰足球，如有则由对方发球。

（6）比赛过程中球进门后，双方将重新在场地中心开球。

（7）当比赛出现打平时，将进行点球大战决出胜负（不设守门员）；双方各派出 5 名队员（至少 2 名女生）参加点球大战，每人只有一次射门机会，如果再出现比分打平就继续进行点球大战。

二、比赛奖项

比赛奖励分设第一名、第二名以及优秀奖，奖品包括奖杯、奖品、荣誉证书等。

三、注意事项

（1）比赛开始前，由班级老师带领运动员进行准备活动，自备水杯、衣服更换。

（2）赛前，教师要认真地与运动员讲述比赛的规则及流程，并且管理好非参赛幼儿的纪律。

（3）每个班级做到"友谊第一，比赛第二"，比赛开始前和结束后，双方球员进行握手以示友好并向观众致谢。

幼儿欢乐足球日活动方案

一、活动背景

6岁前的幼儿最不能错过的体育项目之一就是足球。足球不仅可以锻炼幼儿的骨骼和肌肉，还可锻炼幼儿的判断和应变能力，促进其智力发育，最重要的是幼儿在活动过程中能够学会理解和尊重他人、学会团队协作和感恩，同时也能够培养坚强的意志和积极向上的精神。

二、活动目的

培养幼儿对足球产生兴趣，让幼儿有更多机会到户外参加体育锻炼，养成良好的锻炼习惯，增强体质。邀请家长们与幼儿共同参与，让家长们更好地从中感受足球的魅力，意识到体育运动对发展幼儿的身心健康的重要性，与幼儿一同感受足球文化。

三、参与人员

幼儿园中班级全体教师、幼儿、家长等。

四、活动内容

（一）足球小将集训

由幼儿园从中班选拔不超过36名幼儿参加足球比赛，安排专业足球教练提前对幼儿进行两次集训，每次集训时间约1小时。集训主要是让未接触过足球的幼儿有机会学习和了解比赛礼仪、基本的足球技法以及简单的比赛规则，最重要的是在比赛过程中学会如何保护自己和其他队员。

（二）足球嘉年华活动

嘉年华活动当天主要包括开幕式、足球比赛、游园活动（摊位游戏）三部分内容。

1. 开幕式

包括幼儿和家长入场，园长、嘉宾致辞，节目表演等内容。

2. 足球比赛

比赛形式为 3 人制，每场比赛约 5 分钟。具体比赛人数以及对阵安排，由幼儿园教师共同商定。所有参与比赛的幼儿均可获得奖牌 1 枚，胜出队伍还可获得奖杯 1 个。

3. 游园活动（摊位游戏）

让幼儿和家长一起参与亲子活动，通过足球游戏体验足球魅力。整场游园活动大概设置 8 个游戏。

五、活动亮点

（一）活动形式

与幼儿园常见的文艺类和其他运动类活动不同，该次活动是以足球为主题活动。活动包含开幕式、特邀表演、足球比赛、足球亲子游戏四大块，活动内容丰富，形式多样。

（二）最好的六一礼物

不仅让幼儿体验足球的乐趣，活动中还为幼儿派送精美礼品，给幼儿一个精彩难忘的六一。

六、活动物料准备

物料内容	数量
舞台设计、搭建	含设计、制作、布场、撤场等（1 次）
音响设备	含音响、无线麦等（1 套）
足球场地	含草坪和挡板（1 套）
球服、啦啦队服、奖杯、奖牌	球服（36 套）、啦啦队服（12 套）、奖杯（1 个）、奖牌（36 块）
摊位游戏等道具	易拉宝（8 个）、足球及其他道具若干
小礼品	按幼儿园到场小朋友人数计
游园活动集印卡片及印章	集印卡片：连同活动邀请函一并派发 印章：每个游戏 1 个印章（8 个）

七、游园活动游戏参考

游戏名称	游戏玩法	物料	备注
走出迷宫	设置迷宫一个，幼儿在迷宫起点处沿着小路将球传送到终点	地图（1张）、3号足球（3个）	—
长棍运球	两组同时进行，家长和幼儿把足球放在长棍上夹住，幼儿把球运到终点后折回，谁先到达谁获胜	白色PVC长棍（4支）、3号足球（2个）	—
足球过障碍	家长带球绕过障碍物，幼儿在终点等候，接球后射门	雪糕桶（8个）、3号足球（4个）	能力较好的幼儿可以尝试自己带球过障碍
夹球比赛	两组同时进行，家长和一名幼儿。家长和幼儿面对面夹住皮球从起点出发，到终点位置折回，谁先到达谁获胜	标志杆（3个）、3号足球（3个）	—
足球风	保龄球或标志物摆成倒三角形，幼儿在起点处开球，击倒标志物数量多者胜	保龄球（标志物）（20个）、3号足球（4个）	—
抢球大作战	终点处放置足球若干，家长手持球筐在起点处等候，幼儿从起点处到终点位置取球，每次1球，抢回放进家长手持的球筐，规定时间内数量多者胜出	3号足球（10个）、球筐（网袋）（2个）	—
坐姿运球	幼儿和家长2人一组，同向坐立，家长取球用双脚夹住转身传给幼儿，幼儿接球后，转身放进球筐。规定时间内数量多者胜出	球筐（4个）、2号足球（10个）	—
足球小将	在一定距离把球射向用绳圈架好的九宫格球门，以踢中九宫格中的一格为胜，一共有3次机会	九宫格架（1个）、3号足球（3个）	—

小小世界杯

——萌宝宝足球嘉年华活动方案

一、活动背景

足球是一种综合性的游戏运动，幼儿期的学习是以游戏为主的。通过足球活动既培养幼儿的爱好和技能，锻炼其身心和品格，同时还能从小培养幼儿团队合作的精神，学会以正确的心态去面对成功和失败，建立内外兼修、德行兼备的完善人格。

二、活动目的

（1）培养幼儿对足球活动的兴趣，增强动作的协调性和灵活性，提高身体素质。
（2）帮助幼儿在活动中学会合作、谦让、遵守规则，培养幼儿初步的竞争意识。
（3）家长和幼儿共同参与，一起体验足球带来的乐趣，增进亲子感情。

三、活动时间

20××年×月××日上午9时15分（提前一天布场）。

四、活动地点

本园户外场地。

五、参与人员

全体幼儿、教师、家长等。

六、物料准备

需求事项	负责人
场地准备	舞台背景、布场、幼儿按年级摆放小凳子
幼儿送给表演家长的礼物	表演家长每人1份（由幼儿为家长亲手制作）
运动员入场班牌	按班级准备
节目表演道具	按节目内容，由负责教师准备
音响、摄像、摄影设备	各1套
门口签到	门口签到和兑换礼物的桌椅（4套）、放奖杯的桌子和桌布（1套）、各班签到表、签字笔若干
印章及游戏卡片准备	教师
活动户外饮用水	厨房准备
颁奖奖杯与奖牌等	奖杯（2个）、奖牌（24个）、小礼物（250份）

七、活动流程

1. 开幕式

包括运动员进场、领导嘉宾致辞、家长和幼儿节目表演等内容。

2. 玩转亲子足球乐

大足球的传递、拍接等。

3. 游园活动

由幼儿3人制足球比赛和足球游园项目组成。

足球比赛：中大班循环赛各以排名前二位的队伍为参赛队，比赛形式为3人制，每场比赛时间约5分钟。所有参与比赛的幼儿均可获得奖牌1枚，冠军队获奖杯1个。

八、具体时间安排

时间	环节	具体内容	场地	备注
9：00—9：15	开幕式	啦啦队员在门口欢迎家长，家长签到	幼儿园大门口	负责教师要提前通知家长做好准备
9：15—9：20	开幕式	运动员进场	篮球场	—
9：20—9：25	开幕式	主持人开场，介绍到场领导、嘉宾名单	篮球场	—
9：25—9：30	开幕式	园长致欢迎词	篮球场	—
9：35—9：40	开幕式	啦啦队表演	露天舞台	—
9：40—9：45	开幕式	舞蹈《宝贝宝贝》	露天舞台	—
9：45—9：50	开幕式	舞蹈《大王叫我来巡山》	露天舞台	—
9：50—9：55	开幕式	平衡车表演	露天舞台	—
9：55—10：00	开幕式	中班：瓶子操	露天舞台	—
10：00—10：05	开幕式	家长颠球表演	露天舞台	—
10：10—10：15	亲子互动活动	亲子大足球互动活动	篮球场	—
10：15—10：20	亲子游园活动	主持人宣布足球比赛和游园活动正式开始，宣读参与足球比赛幼儿名单，参赛幼儿集合	篮球场	—
10：20—10：25	亲子游园活动	足球赛和亲子游戏摊位各自到位	足球场	—
10：25—10：55	亲子游园活动	足球比赛（家长场与幼儿场）	足球场	—
10：55—11：05	亲子游园活动	足球比赛颁奖	足球场	—
11：05—11：25	亲子游园活动	家长互动及足球场体验、活动自由、合影时间	足球场	—
10：25—11：25	亲子游园活动	游园活动	各场地	亲子摊位游戏互动

九、游戏互动项目

游戏名称	游戏玩法	物料	负责教师	场地
走出迷宫	将迷宫地贴固定在地面,设置好起点,幼儿从起点处沿箭头指示,轻轻将球运到终点,幼儿拉开距离依次出发。该游戏锻炼幼儿脚步控球能力及灵敏度	迷宫地贴(1张)、足球(3个)	两位教师	篮球场之一
长棍运球	设置游戏起点,幼儿与家长两人一组,将球放在两根长棍中间,亲子配合将球运到终点再折回起点处,可两组亲子一起进行。该游戏锻炼幼儿手、眼协调,以及与他人合作的能力	长棍(4根)、足球(2个)	两位教师	篮球场之二
夹球比赛	设置游戏起点,幼儿与家长两人一组,用胸部将球运到终点处再折回起点处,可两组亲子同时进行。鼓励幼儿与家长采用花式运球增加趣味性,例如背对背运球等	标志杆(2个)、足球(2个)、起终点线场的划分	两位教师	地垫
小企鹅运球	幼儿双脚站在家长的双脚上,幼儿双手抱球,与家长一起将球运到终点后,再以同样的方式将球运回到起点,交给下一组亲子	足球(2个)	两位教师	2号楼门口之一
小兔跳跳跳	设置游戏起点,幼儿与家长两人一组,两人同时出发捧住足球,同时跳跃,经过3个呼啦圈,达到终点后原路跳回	呼啦圈(6个)、足球(2个)	两位教师	2号楼门口之二
足球风	设置游戏起点,约3米位置将标志物(或保龄球)摆成倒三角形,幼儿与家长各将一只脚绑住,以两人三足形式将球踢向障碍物,击倒障碍物数量多者为胜	标志物(10个)、足球(2个)、起终点线场的划分	两位教师	天桥旁
足球小将	设置游戏起点,约3米位置放置九宫格球门,数字从1~9,教师说出任意数字,幼儿踢中即可,每人两次机会	九宫格(1个)、足球(2个)、起终点线场的划分	两位教师	百花广场之一

续上表

游戏名称	游戏玩法	物料	负责教师	场地
足球过障碍	设置游戏起点，放置3~4个标志杆（或障碍物），幼儿从起点处用脚底或脚弓运球，绕过标志杆达到终点处后踢球射门，年龄较小的幼儿可由家长协助运球过障碍，再由幼儿将球踢进球门	标志杆（6个）、足球（2个）、拱门（2个）、起终点线场的划分	两位教师	百花广场之二
定点踢球	设置游戏起点，幼儿在起点处将球踢向标志杆（或标志物），该游戏锻炼幼儿脚步控制力和踢球精准度	标志杆（6个）、足球（2个）、起终点线场的划分	两位教师	礼堂后门通道处
抢球大作战	设置游戏起点，幼儿与家长两人一组，家长手持网袋在起点处等候，幼儿两人一组，同时跑到对面终点将球筐内的球运回到家长网袋，多次往返，最后抢球多者为胜	网袋（2个）、胶箱（1个）、3号足球（5个）、起终点线场的划分	两位教师	跑道之一